JN091892

2019年改訂指導要録対応

シリーズ 学びを変える新しい学習評価

理論・実践編2

各教科等の学びと新しい学習評価

[編集代表]

田中耕治

ぎょうせい

シリーズ刊行にあたって

2017年３月の学習指導要領改訂を受け、2019年１月に「児童生徒の学習評価の在り方について（報告）」が公表され、３月に「小学校、中学校、高等学校及び特別支援学校等における児童生徒の学習評価及び指導要録の改善等について（通知）」が発出されました。

今回の新しい学習評価の考え方や新指導要録の通知においては、新学習指導要領が求める「資質・能力」の育成、「主体的・対話的で深い学び」、各教科等の目標や「見方・考え方」など、実践を行うにあたって深い理解を必要とするキー・テーマが内蔵されており、まさにこれらの深い理解が、これからの授業づくりや評価活動にとって、必要不可欠な条件となっています。

そこで、本企画では、これらのキー・テーマに関する、気鋭の研究者と実践家を総結集して、「学びを変える新しい学習評価」に向けての総合的な理解を図り、具体的な実践の手立てを提供することを目指そうとするものです。本シリーズの５巻は以下のように構成しました。

理論・実践編１　**資質・能力の育成と新しい学習評価**　☚［新しい学習評価がわかる・深く学べる巻］
理論・実践編２　**各教科等の学びと新しい学習評価**　☚［各教科・領域の指導と評価を創る巻］
理論・実践編３　**評価と授業をつなぐ手法と実践**　☚［評価を実践する巻］
文例編　**新しい学びに向けた新指導要録・通知表〈小学校〉**　☚［評価を伝える・記録する巻］
文例編　**新しい学びに向けた新指導要録・通知表〈中学校〉**　☚［評価を伝える・記録する巻］

読者は、関心のある巻から、また興味を惹く章から読み始めていただければ、新しい学習評価を踏まえた豊かな授業づくりのヒントをたくさん得ることができるでしょう。

最後になりましたが、ご多用、ご多忙な中で、執筆を快くお引き受けいただき、玉稿をお寄せいただきました執筆者の皆様に、心から御礼申し上げます。また、「評価の時代」にふさわしく、全５巻のシリーズ本を企画していただきました株式会社「ぎょうせい」様と、編集担当の萩原和夫様、西條美津紀様、今井司様に、この場を借りて深く感謝申し上げます。

シリーズ編集代表
田中耕治（佛教大学教授、京都大学名誉教授）

目　次

第３章　評価規準の設定と評価・評定

第４章　単元を通した評価と本時の評価

第５章　「知識・技能」の捉えと評価

第６章　「思考・判断・表現」の捉えと評価

第7章 「主体的に学習に取り組む態度」の捉えと評価

第8章　各教科の学習評価のポイント

小学校

第９章　「特別の教科　道徳」の評価

第1章

観点別学習状況の評価とは

第1章 観点別学習状況の評価とは

鈴木秀幸

1 三つの観点による評価へ

（1）観点別評価の役割

観点別評価の特徴は、評価の結果を学習や指導の改善に用いることができることにある。つまり形成的評価（formative assessment）または「学習のための評価（assessment for learning）」として機能することである。この点は評定が総括的評価を主たる目的にしているのとは異なる。評定を見ても生徒の学習のどこに問題があり改善を必要とするかはわからないが、観点別評価は生徒の学習のどの側面に問題があるかを示しているため、形成的評価として機能する。ただし、観点別評価の結果を指導要録に記入する段階では、１年間の指導は終了しており、観点別評価の結果を当該学年の学習の改善に用いることはできない。この場合は次の学年の教師が前学年の観点別評価により、生徒の学習のどこに問題があるかがわかるため、形成的評価として用いることができるだけである。当該学年で観点別評価を形成的評価として用いるためには、指導要録の記入以前の段階でも、観点別評価を行ってこれを学習の改善に用いることを必要とする。

世界の教育界では、形成的評価の重要性が認識されつつある。これは、1998年にイギリスのＰ・ブラックらが*Assessment in Education*誌に「Assessment and Classroom Learning」という論文を載せて、形成的評価を実施した場合の効果が非常に大きいことを示したためである。その結果、形成的評価に対する注目が一気に高まった。わが国もこのような形成的評価重視の流れを受けて、新しい指導要録では形成的評価の重要性がこれまで以上に高まることとなった。これは観点別評価の重視につながるものである。

（2）観点の変遷――３観点へ――

観点別評価において、生徒の学習状況をどのような側面に分けて評価するかまず問題となる。最も有名なのはB・ブルームによる分類である。ブルームは1956年に「教育目標の分類学（*Taxonomy of Educational Objectives*）」を著して、認知的な領域について六つの能力に分類した。六つの分類は「知識（knowledge）」「解釈（comprehension）」「応用（application）」「分析（analysis）」「総合（synthesis）」「評価（evaluation）」である。さらに、この認知的な能力を評価するための問題例も示した。ブルームによれば、知識から評価までの六つの能力は階層構造をなしており、知識が最下位であり、次が解釈という順番で、評価が最高位にあたるとした。学習においては知識を最初に習得し、次が解釈という順序で習得するようになり、評価を最後に習得することとなるとした。

しかしながら、その後の研究により六つの認知的な能力の階層性は否定された。また、特定の能力を評価する目的で作成されたテスト問題が、必ずしも目的とした能力を用いて解答されているとは限らないこともわかってきた。例えば応用を評価するつもりで作成した問題に、生徒は知識で答えることもある。結局明らかになったことは、知識を一方の極とし、総合と評価をもう一方の極とする二つに分けて評価できるだけであり、六つそれぞれを独立して評価することはできないことである。今では総合と評価を一方の極とする能力を高次の技能（higher order skills）と呼んでいる。

ブルームの六つの能力に関する追跡研究が示したことは、認知的領域を細かに分類しても、実際に評価できるのは知識を中心とした能力と、高次の技能の二つであるということである。このような結果は、わが国の観点別評価の変遷にも大きく影響している。特に新学習指導要領に対応した学習評価についてはこれが大きく影響している。

わが国では、認知的領域に関する観点に情意的な側面を評価する観点を加えて、観点別評価を実施してきたのであるが、先に述べたように細かに分類して評価することは困難であること、さらに情意的な側面の評価が困難であることを課題として、指導要録の観点別評価の改訂が繰り返されてきた。

観点の変遷を概観してみると、1980（昭和55）年の改訂からそれまでの「知識・理解」「技能」「思考・判断」に加えて、情意的側面を評価する「関心・態度」の観点が加わり４観点となった。実際の各教科の観点は、ここで示した名称とは異なる場合もあるので、本来は教科ごとに考えるべきではあるが、ここでは観点の全体的な特徴を示す観点名を用いて観点の変遷を概観する。

1991（平成３）年の改訂では、「関心・態度」だったものが「関心・意欲・態度」に変更された。同時に、この観点で評価する情意的な側面が学習の向上に非常に重要だということで、指導要録の観点の最初に置かれることとなった。そのため、この観点を信頼性、妥当性をもって評価する実践研究が盛んに行われたのであるが、多くの努力にもかかわらず成果があったとは言えなかった。以後、指導要録の改訂のつど、この観点の扱いが問題となった。さらに４観点を評価するため学年ごとの評価規準表の作成が奨励されたため、多くの学校で学年ごと、さらに単元ごとに４観点の評価規準表を作成したのであるが、あまりにも煩雑であるためほとんど使用されなかった。平成３年には指導要録での観点が置かれた順序は、観点の重要度を反映するとされたのであるが、観点が置かれた順序と重要度は関係ないということが、その後の改訂（2010〔平成22〕年）で確認されている。

2001（平成13）年の改訂では、それ以前は評定が「絶対評価を加味した相対評価」という曖昧さを含んだものであったものが、「目標準拠評価（いわゆる絶対評価）」に変更された。観点別評価はすでに目標準拠評価であったが、評定が相対評価を認めていたため、観点別評価の方も目標準拠評価が徹底しているとは言えなかった。平成13年の改訂を契機として、国自身が「評価規準の参考資料」を作成するようになった。以前は学校任せであったものが、参考資料とはいえ、国自身も目標準拠評価の実施に本腰を入れ始めたと言うべきである。

平成22年の改訂では、「表現・技能」の観点から表現を削除し、「思考・判断」の観点に表現を加えて「思考・判断・表現」とした。これは表現を、思考したり判断したりしたことと一体化して使われるものとして観点を考えたことによる。また国が作成する「評価規準の参考資料」には、評価規準だけでなく、評価規準に当てはまる生徒の作品例が少数ではあるが示されるようになった。

2019（平成31）年、つまり新学習指導要領に対応する指導要録では、評価の観点が三つに整理された。「知識・技能」「思考・判断・表現」「主体的に学習に取り組む態度」の三つである。

「知識・技能」の観点はこれまでの「知識・理解」と「技能」を統合して一つにまとめたものである。「主体的に学習に取り組む態度」は、これまでの「関心・意欲・態度」に代わるものである。

（３）３観点になった理由と内容の変化

B・ブルームの能力区分のところで述べたように、細かな観点を設定しても実際の評価にあたっては、各観点を明確に区分して、観点ごと独立して評価できるわけではない。わが国の観点でも「知識・理解」の観点と「技能」の観点を区分して評価することは難しかったのである。例えば、平成22年の数学の「数量や図形などについての知識・理解」と「数学的な技能」の観点を区別して評価することは困難であった。他の教科でも同様の問題が生じていた。わが国でも、認知的な領域については二つに区分して評価せざるを得ないことが、観点の構成に反映されたのが新しい指導要録である。わが国では高次の技能に相当する観点は「思考・判断・表現」であり、知識に相当するのは「知識・技能」の観点である。

従来の観点「関心・意欲・態度」は「主体的に学習に取り組む態度」になり、その意味が変わった。新しい観点は、従来の関心、意欲、態度に加えてメタ認知能力が加わることになったためである。メタ認知能力とは、自分の学習についてその問題点や成果について自己評価し、必要があれば学習方法を変えたり、適切な改善方法を考え実行できたりする能力である。一言で言えば、学習の自己コントロール能力である。そのため、従来の観点では情意的な側面を評価するものであったが、メタ認知能力を含むことになった結果、純然たる情意的な側面の観点とは言えなくなったのである。メタ認知能力を観点の意味内容に加えたのは、学習上の成果をあげている生徒を調べてみると、このメタ認知能力の高いことがわかってきたからである。

３観点になったもう一つの理由は、新しい学習指導要領自体の作成方法が変わったためである。これまでの学習指導要領は内容中心のカリキュラム構成方法をとっていた。内容中心のカリキュラム構成とは、学習させるべき知識等を詳細に決め、何学年でどの知識等を指導するかを細かに決めるカリキュラムである。これに対して、今回は育成すべき資質・能力を中心に記述するカリキュラムの構成方法を一部導入した。資質・能力を中心に記述するカリキュラムとは、思考力や判断力等の高次の技能をどのような段階を踏んで育成するかを中心として記述するカリキュラムである。新学習指導要領では、学習すべき内容を「知識及び技能」「思考力、判断力、表現力等」「学びに向かう力、人間性等」の三つの柱に沿って整理して示すことで資質・能力を中心に記述するカリキュラム構成方法を一部採用した。これを受けて評価の観点も、この三つの柱と整合性を持つようにしたのである。

2 観点と評価方法

平成13年の指導要録の改訂により、評定を含めてすべてが目標準拠評価になったことはすでに述べた。しかしながら、平成13年以前より観点の評価は目標準拠評価でなければならなかったのではあるが、評定が相対評価を認めていたため、目標準拠評価に関する本格的な議論は行われなかった。そもそも目標準拠評価という言い方も普及していたわけではないため、「いわゆる絶対評価」という注意書きをせざるを得なかったのである。

目標準拠評価に関する本格的な議論が必要であるのは、目標準拠評価にも二つの種類があり、それぞれ異なった特徴を持っているため、適切な利用対象が異なるからである。言い換えれば、適切な利用範囲を誤ると、目標準拠評価が十分に機能しなくなるのである。

もともと目標準拠評価を提案したのはアメリカのＲ・グレイサーである。グレイサーは1963年に集団の中での個人の位置付けにより学習を評価する相対評価に代えて、一定の基準に到達したかで学習を評価するクライテリオン準拠評価（criterion referenced assessment）を提案した。このクライテリオン準拠評価が、わが国で言う目標準拠評価に相当する。しかしながら、クライテリオン（基準）はどうあるべきかについては明確にしなかったため、クライテリオンの解釈について二つの考え方が登場した。

（１）W・J・ポファムの解釈：ドメイン準拠評価

ポファムは評価対象の領域をドメイン（domain）と名付け、このドメインは他のドメインと明確に区分されるものでなければならないとした。例えば、「江戸時代の主な出来事についての知識」などがドメインである。このように設定されたドメインの学習状況を評価するため、考えられるすべての問題群から、いくつかのテスト問題を抽出してテストを実施する。この抽出した問題に対する正解数は、考えられ得るすべての問題についてテストした場合の結果と同じようになると考える。実施したテストで一定の正解数以上ならば、該当のドメインの学習を習得したと判断する。この一定の正解数（通常は点数で示される）をカッティング・ポイントという。ドメイン準拠評価は、完全習得学習の中で用いられることが多い。ただし、カッティング・ポイントは一つでなければならないというわけでもないので、二つとか三つのカッティング・ポイントを設定すれば、いくつかの習得の段階を区分することとなる。完全習得学習であれ、何段階かに区分する場合であれ、テストの結果は生徒の学習状況について、どの程度習得したかを示すことになると考えるのである。このような考え方では、クライテリオン準拠評価とは、明確に定義されたドメインとカッティング・ポイントの組み合わせであるとしたのである。このように言うと難しく聞こえるかもしれないが、各学校の定期テストなどで実施しているペーパーテストは、ほぼこのドメイン準拠評価に沿って実施しているのである。

しかし、このドメイン準拠評価と相対評価はそれほど違っているわけではない。例えばわが国の中学校等の定期テストで、試験範囲を生徒に告げるとき、教科書の何ページから何ページまでなどという場合、これはポファムの考えたドメインに近い。テストをして点数が出ると、上位から何％はＡなどとすればこれは相対評価（正確には集団準拠評価）となり、カッティング・ポイントを用いればドメイン準拠評価となる。

（２）ドメイン準拠評価の問題点

ドメイン準拠評価の問題点は、明確に区分されたドメインというものを、すべての学習に設定できるわけではないことである。例えば、ドメインには次のような決め方が考えられる。社会科を例として考えてみる。

①　社会科の学習範囲

②　社会的な思考に関する学習範囲

③　江戸時代に関する学習範囲

④　江戸時代の主な出来事についての知識

①から④に行くほどドメインの範囲が狭くなり明確化してくる。①はあまりにも広すぎる。②は①よりも思考力の分だけ狭くなっている。③は江戸時代で限定されているが、江戸時代の中身がいろいろと考えられる。結局、ポファムの明確なドメインとは④のような場合にあたると考えられる。しかし、学習としてはすべてを④のように決めることは、社会科の学習を非常に狭めてしまうこととなる。特に思考力や判断力等の育成が強調される現在では、④のようなドメインだけを評価の対象とすることはできない。②のような学習範囲も対象としなければならないのである。

もう一つの問題として、カッティング・ポイントを考えていることからもわかるように、問題は多数出題することが前提であり、各問題は「正解・誤り」というような採点ができるものを考えている。例えば「徳川吉宗が行った改革を何と言いますか」というような問題である。②のような学習については、「正解・誤り」のような採点はできない。例えば「享保の改革は農民からみて、どのように感じられたでしょうか。改革の中身に言及して答えなさい」というような問題には様々な解答があり得るため「正解・誤り」のような採点はできない。

（3）R・サドラーの解釈：スタンダード準拠評価

ポファムのような明確に区分されたドメインを設定しなければならないとなると、④のような規定の仕方となり、評価対象を狭めることとなる。②のような学習範囲に相当する思考力とか判断力は、明確な範囲を設定できないので、ドメイン準拠評価では評価対象から外れてしまう。R・サドラーは知識や語句を答えるだけでは現代の教育目標のすべてを評価できないと考えたのである。思考力や判断力のような高次の技能を評価する必要があり、そのための評価方法を考えた。

サドラーは、グレイサーの言うクライテリオンを一種の属性と考えた。彼の挙げた属性の例で言うと、物質の「硬度」のようなものである。次にこのような属性を必要に応じてどの程度持つべきかを示す基準をスタンダードと呼んだ。思考力や判断力は一種の属性、つまりクライテリオンであり、この属性をどの程度持つかを示すものをスタンダードと呼んだのである。

ドメイン準拠評価が対象とする学習とは異なり、思考力や判断力は「正解・誤り」というようなテスト問題で評価できるものではない。生徒の作品等を一定のクライテリオン（属性を意味する）とスタンダード（属性をどの程度持つかを示す）で評価する必要があるとする。

問題はクライテリオンとスタンダードを示す方法である。特に程度を示すスタンダードをどう示すかが問題である。サドラーはその方法として、言語表現による評価基準と評価事例集の組み合わせを提案した。

言語表現による方法は、評価基準を示すのにしばしば用いられる方法であるが、言語による表現には、言語特有の曖昧さや解釈の幅がある。例えば書かれたものについて「非常に論理的に述べられている」という評価基準を示しても、「非常に」とは具体的にどの程度であるかはかなり解釈の幅がある。「論理的に述べる」もやはり解釈の幅があると言える。そこでこの表現に該当する実際に書かれたものを示すことで「非常に」とか「論理的に述べる」の意味の理解を図るのである。この言語表現の具体的な意味を説明するために用いる実際の作品等を評価事例集という。サドラーはこの言語表現による評価基準と、評価事例集を組み合わせる方法をスタンダード準拠評価（standard referenced assessment）と呼んだ。

スタンダード準拠評価では評価基準自体はかなり抽象的な言葉を用いており、そのため評価事例集でその抽象的な言葉を具的な例を用いて説明するのである。一つの評価基準でも、いろいろな種類の学習活動の結果を用いた評価事例集があり、教師が学習活動を生徒の実態に合わせて工夫することを妨げないようになっている。またサドラーによれば、スタンダード準拠評価では、言語表現で示される評価基準自体は、考えられる多くの評価基準の一部を示したものにすぎず、生徒の作品があらかじめ設定された評価基準では対応できないときには、同じレベルと教師が考える新しい評価基準を考えて評価することもよいとしている。

なお、スタンダード準拠評価とルーブリックはほぼ同じ考え方ではあるが、ルーブリックの場合は元々個別の課題に対応した評価基準を考えており、そのため、評価事例集を必要不可欠とはしていない点が異なる。スタンダード準拠評価は、いろいろな課題に共通する評価基準である。

3　観点ごとに適切な評価方法が異なる

（1）「知識・技能」：ドメイン準拠評価

この観点については、個別に習得すべき知識や技能を評価する観点であり、ペーパーテストを用いて、その結果をドメイン準拠評価により示すことが適切である。新教育課程では単なる記憶だけでなく「深い学び」を求めていることを考えれば、この観点で評価する知識や技能に関しても一定の深さの理解が求められていると考えるべきである。そのためペーパーテストでも、単に用語や名称を答えるだけでなく、その意味を説明するような問題も一部出題すべきである。例えば、理科で言えば「電磁誘導作用」と答えさせる問題だけでなく、「電磁誘導作用とは何か」について説明させる問題も出題することである。

もちろんペーパーテストではなく、生徒の授業中の様子やノート等で評価することもよいのであるが、これらは相当の労力を要するため、ペーパーテストを基本とし、余裕がある場合に用いるのが適切である。

（2）「思考・判断・表現」：スタンダード準拠評価

この観点は、各教科等の知識及び技能を活用して課題を解決するために必要な思考力、判断力、表現力等を身に付けているかどうかを評価するものである。そのため「知識・技能」の観点は、これらの学習事項を記憶したか、または理解しているかを評価する観点であるのに対して、これらを問題や課題に応用して、課題や問題を解決するのに役立てているかを調べる観点である。そのため、学習した知識や技能を実際の場面で用いる課題を設定する評価、すなわちパフォーマンス評価が必要となる。

パフォーマンス評価の例としては、理科で言えば、実際に実験や観察活動を実施する中で評価することである。つまり、実験観察活動の計画、実施、得られたデータの分析、結論、改善点の考察など、一連の活動を行う中で評価することである。このような活動では、ドメイン準拠評価に基づくペーパーテストのように、問題をたくさん出題して評価できるわけではなく、一連の実験観察活動が適切にできるかどうか（優れた取組から幼稚な取組までの洗練の程度を評価する）を評価することになり、スタンダード準拠評価が適しているのである。

このようなパフォーマンス評価を実施するには相当の時間を必要とするものであり、１学期に何回もできるわけではない。ただし、この観点で評価する能力は、短期的に伸びるものではなく、時間をかけて伸びていくものであるため、頻繁に評価する必要はない。１学期に１回ないし２回程度実施すれば十分である。

（3）「主体的に学習に取り組む態度」：ポートフォリオ

この観点は従来の「関心・意欲・態度」の内容に新たにメタ認知能力が加わったものである。メタ認知能力が加わることにより、他の二つの観点との連動性が高まったと言える。つまり、他の二つの観点でＡＡの評価の生徒がこの観点だけＣであったり、他の観点でＣＣの生徒がこの観点だけＡであったりすることは通常ないということである。

ただし、メタ認知能力にせよ、従来の「関心・意欲・態度」にせよ、信頼性、妥当性の高い評価は相当に難しい観点である。このような課題を考えれば、基本的にはＢと評価し、ＡやＣと評価するような明らかな証拠のある場合に、Ｂ以外の評価を下すのも一つの方法である。

評価の一つの方法として、高校生に関しては「Japan e-Portfolio」が開発中である。これは高校生が在学中に、自分の学習の目標を立てたり、学習の結果を自己評価したりした記録を、データベース上に残すシステムである。「総合的な探究の時間」の記録や、各種資格などもこれに記録することとなっている。基本的には大学入試の資料としての利用が考えられているものである。学習の目標を定期的に立てたり、結果を自己評価したりすることは、メタ認知能力の育成につながるものである。小中学校でもポートフォリオにこのような記録を残すことで、メタ認知能力の育成や評価の機会となる。

気を付けるべきことは、このようなポートフォリオの利用は作成するために時間や労力をかなり要することである。1990年代にイギリスで「Japan e-Portfolio」と同じ内容のポートフォリオを推進したことがある。「達成事項の記録（Record of Achievement)」と言われたものであり、「Japan e-Portfolio」との違いは、紙形式での記録であったことである。「達成事項の記録」は、実施団体により様式の違いがあったため、国レベルの統一様式 National Record of Achievement まで作成された。しかしながら、作成に要する時間と労力があまりにもかかること、分量が多いため利用するほうも多大の労力を要するために、大学や企業等での活用が進まなかった。そのため、今では作成している学校は一部にとどまっている。わが国の「Japan e-Portfolio」も、できる限り簡略なものにしないと同様の結果となる恐れがある。

●参考文献

Popham,W.J.(1978)*Criterion-referenced Measurement*,Englewood Cliffs,NJ:Prentice Hall.

Sadler,R(1987)Specifying and promulgating achievement standards,*Oxford Review of Education*,13,2.

第2章

教科等の目標と
見方・考え方の関係

第2章 教科等の目標と見方・考え方の関係

阿部　昇

1 教科等の目標と「見方・考え方」

（1）「見方・考え方」は到達概念か過程概念か

新学習指導要領・総則では、教科等の目標として「知識及び技能」「思考力、判断力、表現力等」「学びに向かう力、人間性等」の三つの柱を挙げている。そして、「主体的・対話的で深い学びの実現に向けた授業改善」に関わって「各教科等の特質に応じた物事を捉える視点や考え方（以下、「見方・考え方」という。）」が鍛えられていくべきことを述べている。総則には、以下のようにある[1]（下線・阿部）。

児童（中学校は生徒）の主体的・対話的で深い学びの実現に向けた授業改善を行うこと。／特に、各教科等において身に付けた知識及び技能を活用したり、思考力、判断力、表現力等や学びに向かう力、人間性等を発揮させたりして、学習の対象となる物事を捉え思考することにより、各教科等の特質に応じた物事を捉える視点や考え方（以下「見方・考え方」という。）が鍛えられていくことに留意し、児童（生徒）が各教科等の特質に応じた見方・考え方を働かせながら、知識を相互に関連付けてより深く理解したり、情報を精査して考えを形成したり、問題を見いだして解決策を考えたり、思いや考えを基に創造したりすることに向かう過程を重視した学習の充実を図ること。

かなり長い文だが、「主体的・対話的で深い学び」に関わって、三つの柱を「発揮させたりして、学習の対象となる物事を捉え思考することにより」「見方・考え方」を鍛えるとある。ということは、三つの柱を通して育てるべき到達概念として「見方・考え方」があるとまずは見ることができる。ただし、一方では「見方・考え方」を「働かせながら、知識を相互に関連付けてより深く理解したり、情報を精査して考えを形成したり、問題を見いだして解決策を考えたり、思いや考えを基に創造したりすることに向かう過程を重視した学習の充実を図ること」ともある。「見方・考え方」を働かせる→（それにより）「知識を相互に関連付ける」など→（それにより学習の充実を図り）資質・能力を育てるという解釈も成り立ち得る。とするならば「見方・考え方」は到達概念であると同時に、過程概念でもあると読める。

「見方・考え方」と「方」がついている以上、これらは見るための「方法」、考えるための「方法」と捉えられる。とすれば、まずはそれらの方法を使って知識を関連付けるなどを行い、それによって資質・能力を育てる。同時にその過程で「見方・考え方」を鍛える。つまり「見方・考え方」そのものが、育てるべき力でもあるということであろう。

いずれ三つの柱と「見方・考え方」は深く関わる。そして「主体的・対話的で深い学び」の中の特に「深い学び」との関係性が深い。学習指導要領解説・総則編の「深い学び」に関する解説部分でも、「『見方・考え方』を働かせながら」「『深い学び』が実現できているかという視点」を重視すべきことが述べられている[2]。

（2）「見方・考え方」の具体を考える

新学習指導要領では、「見方・考え方」について各教科の目標ごとに「～的な」「～による」の修飾語がついて位置付いている。国語科だと「言葉による見方・考え方」、算数・数学科だと「数学的な見方・考え方」、社会科だと「社会的な見方・考え方」である。

そもそも「見方・考え方」とはどのようなものか。「知識を相互に関連付け」「情報を精査」「解決策」「創造」などとの関わりを見ると、対象を構造的に把握する、批判的に解読する、新しい解決の方法を発見する、自らの見方を発信するなどの要素が見えてくる。

ただし、各教科の「内容」のどの部分が特に「見方・考え方」と関わるかは、学習指導要領にもその解説にも明示されていない。そのため小中高の現場ではとまどいが生まれている。「見方・考え方」という提起は妥当ではあるが、その曖昧さが混乱を生むおそれがある。

とはいえ、「見方・考え方」の具体を想定しないままでは検討が先に進まない。ここでは、各教科でこういうことが「見方・考え方」と深く関わると思われる事例を挙げていく。

例えば、国語科で説明的文章を構造的に読むという視点が「見方」である。読むという行為は、語や文を読んでいく行為だが、それをあえて構造・全体像という視座から捉え直す。そのために「はじめ・中・おわり」「序論・本論・結び」などの典型構成を生かす。「序論の役割は何かを考察する」などというアプローチの方法が「考え方」である。

説明的文章を批判的・評価的に読むという視点が「考え方」、そして、そのために「この推論には、他の可能性を無視している要素はないのか」「論証として取り上げている事例は本当に典型的なものと言えるのか（特殊な事例ではないのか）」などの方法を駆使していく。これらの方法が「考え方」である。

算数・数学科ならば、分数×分数の計算を正確にできるだけだと「見方・考え方」を学んだことにはならない。なぜ分数×分数の問題は、分母と分母、分子と分子をかけると答えが出てくるのかを明らかにするという視点が「見方」である。そして、そのために「分数とはどういう考え方なのか」「その分数同士をかけるというのはどういう考え方なのか」などを面積図や数直線などを駆使して解明していく方法が「考え方」である。

社会科であれば、関ヶ原の戦いが1600年にあったことを知るだけでなく、なぜ1600年に関ヶ原の戦いが起こったのかを明らかにしていくという視点が「見方」である。そして、「そこにはどういう政治的・軍事的・経済的な背景があったのか」「関ヶ原という地理的な必然性はどこにあるのか」などの解明の方法が「考え方」である。

同じく社会科で沖縄戦が1945（昭和20）年３～６月にあったこと、その際にどういう出来事があったかを知るだけでなく、例えば「沖縄戦の歴史記述について教科書・歴史書による書かれ方の違いを検討する」という視点が「見方」である。そしてそのために事実の取捨選択や表現の差異に着目する方法、差異の意味を解読する方法が「考え方」である。

「見方・考え方」は、各教科のより高次の教科内容である。「見方・考え方」の「見方」は「物事を捉える視点」とあるのだから、どういう切り口、観点、視座から対象を捉えるかというアプローチの大きな方向性のことである。「考え方」とは、それをより具体的に解明するためのアプローチの方法、思考方法のことである。

学習指導要領では「見方」はある程度提示されている。ただし（教科に差異はあるが）概ね「考え方」について記述は弱い。国語科だと「文章を批判的に読みながら、文章に表れているものの見方や考え方について考えること」「比喩や反復などの表現の工夫に気付くこと」など視点・方向性はある程度示されている。算数・数学科だと「標本調査の方法や結果を批判的に考察し表現すること」の視点・方向性は示されている。しかし、これらを具体的にどういう方法でアプローチしていけばよいかについての記述は弱い。例えば上記の「比喩や反復などの表現の工夫」については、学習指導要領解説・国語編にも「『まるで～ようだ』などのようにたとえであることを示す語句を伴う直喩や、そのような語句を用いない隠喩」とある程度である。重要なのは、隠喩表現と直喩表現の認識の在り方の違いのはずだが、そこにアプローチする方法は全く示されていない[3]。このレベルの「考え方」では、差異を表層の知識として知るだけで「見方・考え方」にはつながっていかない。各教科の「考え方」を教師、研究者などで緊急に共同して解明していく必要がある。

教科等の目標・「見方・考え方」と評価の方法

(1)「見方・考え方」にとって鍵となる評価方法

「見方・考え方」を授業の中でどう評価していくかについて考えていきたい。

学習指導要領解説・総則編では、「教師による評価とともに、児童による学習活動としての相互評価や自己評価などを工夫することも大切である」とある。また、2016（平成28）年12月の中央教育審議会答申を引用しながら「『知識・技能』、『思考・判断・表現』、『主体的に学習に取り組む態度』の３観点に整理」すべきことを述べている。

評価の方法としては、中央教育審議会初等中等教育分科会教育課程部会「児童生徒の学習評価の在り方について（報告）」には、次のような記述がある[4]。

> 評価方法としては、ペーパーテストのみならず、論述やレポートの作成、発表、グループでの話合い、作品の制作や表現等の多様な活動を取り入れたり、それらを集めたポートフォリオを活用したりするなど評価方法を工夫することが考えられる。

評価は、ペーパーテストだけに止まらずに多様な方法で行うことが必要である。教科や分野によっても違う。「知識・技能」「思考・判断・表現」「主体的に学習に取り組む態度」のどの要素を評価するかによっても、評価の在り方は一様でない。その際に上記の ①発表、グループでの話合い　②作品の制作　③論述やレポート　④ポートフォリオ――それぞれの特徴についての整理が必要である。場当たり的に使い分けるだけでは限界がある。①は話し言葉、②は作品の制作と結果、③は書き言葉、④はそれらを総合したものである。「知識・技能」の評価はペーパーテストなどの評価でもある程度まで可能かもしれないが、「思考・判断・表現」「主体的に学習に取り組む態度」は、従来の評価では限界がある。「見方・考え方」は特に「思考力、判断力、表現力」に深く関わる。「見方・考え方」にふさわしい新しい評価の在り方が求められる。

「思考・判断・表現」「見方・考え方」を評価するためには、上記の①～④の中でも、特に「①発表、話合い」と「③論述やレポート」が大きな意味を持つ。これは「内言の外言化」という意味で重要である。内言は、思考のための言語である。外言は、それを話し言葉や書き言葉で表現する際の言語である。

子どもたちは内言を使って思考し判断する。内言は人間の思考を展開させ新しい発想を生むすばらしいものである。内言の働き・動きは速い。その速さの秘密は一つには述語への特化がある。主語や修飾語を省略する。また、長い概念はコンピュータの短縮言語のように短く記号化する。自分にとって自明の前提の事実や認識も省略する。ただし、一方で自分の思考言語だから、自分にだけわかるものになっている。ヴィゴツキーは内言を「自分のための言語」と言う[5]。そのため意識化が弱くなりがちである。だから、それを話したり書いたりしようとする際、つまり外言化の際に再構築が必要となる。他の人にわかる言語「外言」にしていく必要がある。主語と修飾語を補い、短縮も省略も元に戻し、聞き手・読み手が知らない前提も述べる必要がある。述べ方の順序も考え、相手にわかりやすく構築することが求められる。これが「内言の外言化」である。これは面倒な過程ではある。しかし、内言を外言化する過程で、自分が何をどのように考えていたのかが、よりメタ的に意識化され整理される。「話しているうちに、自分が何を言いたいのかわかった」「書いているうちに、自分が何を訴えたかったのか見えてきた」などということが起こるのはそのためである。学校の授業などでも同じことが起こる。自分の思考・判断などを、誰かに話す、説明する、対話する、討論する、書くなどという過程で、子どもは自らの学びを意識化できるようになる。何となくそこがクライマックスであることを感じている場合も、本文に証拠を求めつつ友だちに説明する中で、あるいは対話する中で、その根拠を明確に意識できるようになる。再構築により思考・判断はより整序され確かなものとなる。だから「①発表、話合い」「③論述やレポート」を評価で生かすことは重要である（「言語活動」も「主体的・対話的で深い学び」も内言の外言化という切り口で読み解くと、その優位性がより明確になる。これらの過程で内言の外言化が力強く促進される）。

発表や話合いなどによる内言の外言化ももちろん重要だが、最終的には書き言葉つまり「③論述やレポート」で表現することが求められる。話し言葉ではその場に聞き手がいて反応を返してくれる。表情や頷きの反応もある。「わかりにくい」と明確に評価をくれる。助言もくれる。だから、発話者は外言を修正しつつ、より整理されたわかりやすい外言化ができるようになる。しかし、そのよさはマイナスでもある。すぐに反応がもらえるために、発話者は面倒で丁寧な吟味がそれほど十分でなくても、外言の修正、レベルアップができる。それに対して書き言葉は、そういった過程がない。読み手は、書いているその場にはいない。どういう人たちが読むのかも見えにくい。反応は、かなり後で部分的に知ることができる程度である。書いている時点では想定するしかない。それは弱点であると同時に強みでもある。書き手は、より多くの読み手にわかる外言化をしようとしなければならない。誰にでもわかる外言にするためには、話し言葉よりもっと整序された外言が求められる。そのために、自分の文章を自らより丁寧に繰り返し推敲する。そこでは多様に自己内対話が生まれてくる。「見方・考え方」という高次の教科内容の評価の場合、書くことによる外言化が最も重要な位置を占める。だから、評価においても最終的には最も整序された外言である「③論述やレポート」が鍵となる。

また、話し言葉は一瞬で消えていく。繰り返し吟味し評価することが難しい面がある。書き言葉は繰り返し吟味しながら評価できる。繰り返し丁寧に自らの思考、判断、見方・考え方を吟味できる。さらに、瞬時で消えていく音声言語より評価がずっと精緻になる。

内言を発言、発表、話合い、討論等（話し言葉）によって外言化する。次にそれを生かしながら文章（書き言葉）のかたちで外言化をより高めていく。さらに、それを他の人に読んでもらい、対話によってさらに高めていく。その過程で、子どもたちに「見方・考え方」が育っていく。それを評価することで子どもたちに「見方・考え方」が育っているかどうかが見えてくる。

まずは、子どもが書いたものを教師が評価する。同時に子ども相互の評価にも意義がある。さらには子ども自身が評価できるようにすることも大切である。教師の評価→子ども相互の評価→子ども自身の評価である。

これらは、ルーブリックなどを生かした評価と親和性が高い。各教科等における「見方・考え方」の解明と密接に関わる。かたちだけのルーブリックでは評価は形骸化する。

（2）「主体的に学習に取り組む態度」についての評価

「主体的に学習に取り組む態度」についての評価は、中央教育審議会初等中等教育分科会教育課程部会「児童生徒の学習評価の在り方について（報告）」には、「①粘り強い取組を行おうとする側面」と②「自らの学習を調整しようとする側面」を挙げている。

そもそも「学びに向かう力」「人間性」「主体的に学習に取り組む態度」を資質・能力の三本柱の一つに位置付けるべきかどうかには議論の余地があるが、少なくても「主体的に学習に取り組む態度」として、「粘り強い」と「調整」だけを置くことはあまりにも不十分である。この二つは要素として必要なものかもしれないが、これらだけでは「主体的に学習に取り組む態度」としては弱い。

「主体的に学習に取り組む態度」については、問い、疑問、評価・批判、判断、多面・多角、仮説・創造等に関わる要素こそが重要なはずである。既にある知識、技能、見方、考え方、常識などを対象化し批判的に吟味・検討する。そして別の見方や仮説を提案する。今後求められるのはそういう学びである。各教科・各分野に関わって既にある知のあり方――知識、技能、見方、考え方、常識などに疑いを持つ。そして、それを批判的に吟味・検討していく。さらに、それへの代案、仮説を発信していく――という学習姿勢こそが、これから求められる「主体的に学習に取り組む態度」である。それをこそ評価していく。

そのためには問いの立て方、着眼の仕方、批判の方法などを、各教科・各分野で丁寧に指導していく必要がある。特に各教科に関わる批判の方法、汎教科的な批判の方法、また吟味・検討の方法を系統的に指導していく必要がある。「態度」だけに閉じてはいけない。

「見方・考え方」を鍛えるための授業づくり

高次の教科内容である「見方・考え方」を育て鍛えていくためには、授業づくりの際に留意すべきことがある。一つは「見方・考え方」を鍛えるための目標の具体的把握であり、もう一つは「見方・考え方」を解明し顕在化させるための教材研究の切れ味である。

（1）「見方・考え方」を鍛えるための目標の具体的把握が鍵となる

「見方・考え方」以前に、授業づくりにおいて目標が抽象的で曖昧になっていることが少なくない。例えば、国語科で「人物の心情の変化をとらえる」「登場人物の行動の意味を考えていく」「DNAがどのように生活に生かされているかを正確に理解する」「調べたことをわかりやすく発表するために発表の方法を工夫する」などという目標が設定されることがある。算数科で「比例について様々な考え方を話し合う」などの目標が設定されることもある。社会科で「租税の意義と役割について理解する」「三権分立の意義について話し合う」などの目標が設定されることもある。しかし、これらの目標では、具体的にどういう国語の力を子どもたちに育てていくか、数学の力を子どもたちに育てていくかは、全く見えてこない。これだと目標でなくただのキャッチ・コピーである。

目標が達成できたかどうかを確かめるのが評価だとすると、目標の曖昧さがそのまま評価の曖昧さにつながる。もちろん授業展開も曖昧になる。指導案で評価規準を設定することが多いが、本来は目標がそのまま評価の規準になるべきものである。しかし、目標とはつながらない規準が示されている場合が少なくない。目標が曖昧で抽象的だと評価につながる到達点としての機能は果たし得ない。特に「見方・考え方」を育て鍛える授業では、目標を具体的に設定しておかないと、活動主義的で薄い学びが生まれていく危険がある。

例えば、次のような具体的な目標であれば「見方・考え方」を育て鍛えるために有効と考えられる。「導入部の人物設定が山場・クライマックスで伏線として生きることを学ぶ」「作品で繰り返されるモチーフが象徴的な意味を持つことを導入部の設定・事件展開から学ぶ」「二つの事柄を対比的に述べることで対象の特徴がより明確になることを学ぶ」「筆者が仮説の根拠としている事例の選択が典型的かどうかを吟味できる」「使われている語句相互の意味にズレや矛盾がないかを吟味できる（語句・概念相互の吟味）」「三権分立が権力集中を避けるために作られた制度であることを二つの歴史事象から学ぶ」「分数×分数のかけ算でなぜ分母と分母、分子と分子をかけると答えが求められるのか、特に分母に着目して言葉や図で説明できるようにする」「歴史の呼称の差違に着目し、呼称には発話者の歴史事象に対する見方・考え方が含まれていることを学ぶ」――これらならば達成できたか具体的に評価しやすい。目標と評価を一体として見ていける。

(2) 深い教材研究が「見方・考え方」の具体を顕在化させる

目標を具体的にする際には、様々なアプローチの方法があるが、まずは何より教材研究を精緻に行うことがポイントとなる。教材研究、教材分析を深く豊かにすることによって目標を明確にするという筋道である。教材研究が深く展開されている場合は、例外なく教師（集団）自身が「見方・考え方」を使っている。意識・無意識は別として「見方・考え方」抜きの深い教材はあり得ない。だから、それを教師（集団）自身が意識し顕在化させることで「見方・考え方」が見えてくる。

ここでは、まず芭蕉の俳句を取り上げた国語科の授業を例に考えてみる。

古池や蛙飛び込む水の音

ここで「や」という切れ字を使っている。是非「古池」に着目してほしいという作品の要求であり焦点化である。そして焦点化された「古池」を、ただの古い池と読んではいけない。表層の意味としては古い昔からある池だが、日本の文化文脈では時間が経過しているだけでは「古池」とは言わない。昔からの池でも現在使われ手入れされている場合は「古池」とは言わない。桂離宮にあるような池も「古池」とは言わない。現在、使われず整備されず荒れている池を「古池」と言う。だから「古池」は雑草が生え苔も生え水も濁る。

とすると、そこから新たな読みが生まれてくる。今は使われずに手入れもされず、荒れ果てた池を、なぜこの俳句は取り上げているかという問いである。なぜ人が寄りつかないような荒れた池をわざわざ取り上げているのか。ここでは、そういう池に蛙が飛び込む。その音や情景、そしてその後の静寂を肯定的なものとして読者に提示している。

そこから、（虚構としての）作者あるいは語り手はどういう人物かが推理できる。人が寄りつかないような荒れた池の小さな音や静けさ、さらにはその情景に着目し、それを良きものとして読者に示している人物。普通の感覚ではない。否定的に読めば変わり者、偏屈な人物とも読める。ただし、肯定的に読めば、普通には人が振り向かない対象にある独自の情緒に着目する人物である。否定的に見える対象の中に美を見いだす人物である。対象を異化する人物とも読める。「何を馬鹿なことを」と思われたら終わりである。しかし「もしかしたらそれもいいかもしれない」と共感する人がいたらしめたもの。そういう際どいぎりぎりの提案をこの俳句はしている。そういう際どい美が「詫び・寂び」である。

これらの教材研究にはいくつもの「言葉による見方・考え方」が使われている。まず、「古池」の文化文脈的意味、つまりコノテーション（connotation）を読むという「見方・考え方」である。共示義とも言う。次に、「や」という切れ字の持つ焦点効果である。そして、（虚構としての）作者あるいは語り手を推理するということである。俳句は、自然だけがそこに取り上げられることが多いが、読者はその自然を取り上げている（虚構の）人物と対話している。これも「見方・考え方」である。さらに「否定的に見られているもの」を、新たな観点で見直し異化するという見方・考え方である。

次に社会科の歴史の授業について考えてみる。

1899年に義和団が、中国に駐留していた欧米の協会や公使館などを攻撃した。その後、義和団と欧米・日本の軍隊などとの戦いに発展する。この出来事について、ある社会科教科書では「義和団の乱」と書かれている。別の社会科教科書では「義和団事件」と書かれている。さらに別の社会科教科書では「義和団運動」となっている。しかし、これまでそういった歴史の呼称をめぐる指導は社会科では十分には行われてこなかった。

この出来事を、「乱」と呼ぶか「事件」と呼ぶか「運動」と呼ぶかでは、大きく意味が違う。「乱」は騒乱の意味に近い。「事件」は望ましくない出来事の際に使う場合が多い。「殺人事件」など犯罪性が高い出来事にも使う。それに対し「運動」は目的を達成するための積極的な行動という意味を持つ。「自然保護運動」などである。

これらの呼称には、この出来事を発話者がどう見ているか、どう評価しているかが反映される。「義和団の乱」「義和団事件」は、この出来事を騒乱、望ましくない出来事と見る立場である。確かに死んだ人、怪我をした人も多く、騒乱と呼べるような状態ではあった。それに対し「義和団運動」は、この出来事を積極的な行動と見る立場である。この出来事は、中国という独立国に居座っていた欧米などの勢力を除くという意味を持っている。その意味で独立のための運動の一つと見ることもできる。その側面を評価する立場である。

どの見方どの呼称をより妥当と見るかは、学習者がリサーチをしてそれぞれ決めることである。しかし、「歴史の呼称の裏には発話者の出来事への見方・評価が含まれている」ということを知ることは、歴史の学習で是非必要なことである。子どもが歴史を主体的に学習するための「見方・考え方」である（そもそも歴史記述は、呼称を含め事実の記述すべてに発話者の評価が含まれていることを、社会科でもっと丁寧に指導すべきである）。

教師（集団）が教材研究を深めていけば、このように自然とそこで駆使されている「見方・考え方」が浮かび上がってくる。これを積み上げながら、各教科の「見方・考え方」を体系的に構築していく必要がある。その中で評価が生きる。

●注

1　『小学校学習指導要領』『中学校学習指導要領』2017年、以下同様。
2　『小学校習指導要領（平成29年告示）解説 総則編』『中学校学習指導要領（平成29年告示）解説 総則編』2017年。
3　『小学校学習指導要領（平成29年告示）解説 国語編』2017年。
4　中央教育審議会初等中等教育分科会教育課程部会「児童生徒の学習評価の在り方について（報告）」2019年、以下同様。
5　レフ・セミョノヴィチ・ヴィゴツキー（柴田義松訳）『思考と言語』（新訳版）2001年、新読書社、pp.403-422、原著は1934年。

第3章

評価規準の設定と評価・評定

第3章 評価規準の設定と評価・評定

樋口太郎

1 目標と評価の相関構造

(1) 資質・能力の育成を通じた学習指導要領と指導要録との連携強化

指導要録の歴史において、教育目標から評価規準を構成して学力評価を行う「目標に準拠した評価」が確たる位置を占めるようになったのは2001（平成13）年からである。その後2010（平成22）年版を経て、今回の改訂もその流れを引き継ぐものであるが、とりわけ特徴的なのは評価規準の設定において学習指導要領との連続性がより高まったことであろう。

今回の要領・要録改訂の方針は、2016（平成28）年12月の中央教育審議会「幼稚園、小学校、中学校、高等学校及び特別支援学校の学習指導要領等の改善及び必要な方策等について（答申）」（以下、「答申」と表記）において示された。これを受けて、2019（平成31）年１月の中央教育審議会初等中等教育分科会教育課程部会「児童生徒の学習評価の在り方について（報告）」（以下、「報告」と表記）では、「変化の激しいこれからの社会を生きる子供たちに必要な資質・能力（何ができるようになるか）を整理した上で、その育成に向けた教育内容（何を学ぶか）、学習・指導の改善（どのように学ぶか）、児童生徒の発達を踏まえた指導（子供一人一人の発達をどのように支援するか）、学習評価（何が身に付いたか）の在り方など、学習指導要領等の改善に向けた基本的な考え方を示している」と述べられている（p.1）。ここで言う、「資質・能力（何ができるようになるか）」と「学習評価（何が身に付いたか）」を結び付けるのが今回の指導要録改訂なのである。

両者の結び付きは2010年版指導要録にもすでに確認できる。2010年版では、教科ごとに違いはあるものの、①「関心・意欲・態度」、②「思考・判断・表現」、③「技能」、④「知識・理解」を基本枠組みとする４観点が設定された。しかしこれは、2008（平成20）・2009（平成21）年版学習指導要領の「確かな学力」観において重視された、①「学習意欲」、②「思考力・判断力・表現力等」、③「知識・技能」とは、まずその観点の数からしても一致していない。

これに対し、2019年版指導要録についての周知を目的とした、文部科学省「小学校、中学校、高等学校及び特別支援学校等における児童生徒の学習評価及び指導要録の改善等について（通知）」（2019年３月。以下、「通知」と表記）では、「学習評価の主な改善点」が次のように述べられている。

> 各教科等の目標及び内容を「知識及び技能」、「思考力、判断力、表現力等」、「学びに向かう力、人間性等」の資質・能力の三つの柱で再整理した新学習指導要領の下での指導と評価の一体化を推進する観点から、観点別学習状況の評価の観点についても、これらの資質・能力に関わる「知識・技能」、「思考・判断・表現」、「主体的に学習に取り組む態度」の３観点に整理して示し、設置者において、これに基づく適切な観点を設定することとしたこと。

学習指導要領（目標論）における「資質・能力の三つの柱」と指導要録（評価論）における「３観点」が「一体化」し、両者の連携が全教科を通じて強化されているのである。

（2）「資質・能力の三つの柱」と評価の観点の相関構造

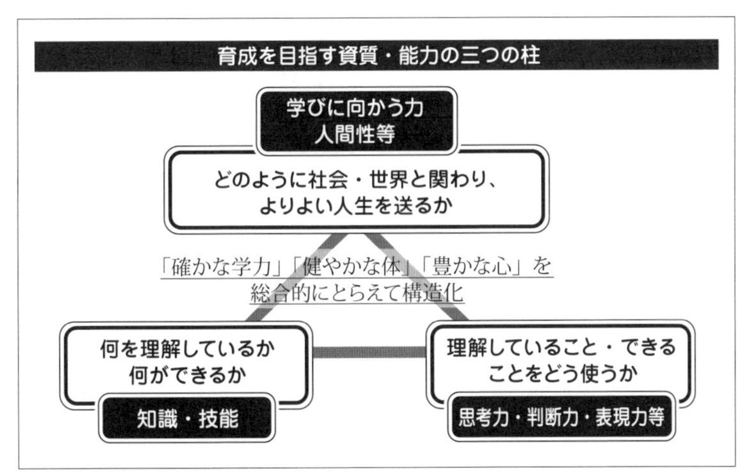

図１　資質・能力の三つの柱

「資質・能力の三つの柱」は、図１のように図式化されるものである（「答申（補足資料）」p.7）。「知っている・できる」レベル（例：三権分立の三権が答えられる）、「わかる」レベル（例：三権分立が確立していない場合、どのような問題が生じるのかを説明できる）とともに、「使える」レベル（例：三権分立という観点から見たときに、自国や他国の状況を解釈し問題点等を指摘できる）を重視する点に特徴があり、「思考力・判断力・表現力等」と「学びに向かう力、人間性等」の柱がそのことを示している（石井 2019）。

先に見たように、今回の要領・要録改訂では、評価の観点を全教科で統一させている。

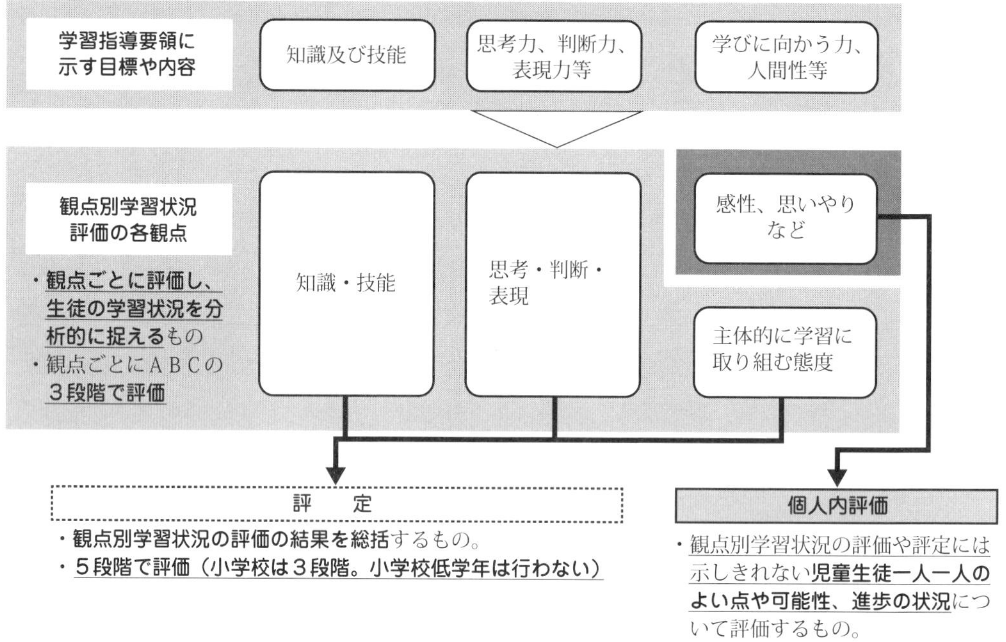

図２　各教科における評価の基本構造

よって、学習指導要領（「資質・能力の三つの柱」）と指導要録（評価の観点）の関係から、まず評価・評定の基本構造をおさえておく必要があるだろう。「報告」において、図２のように整理されている（p.6）。

縦に見ると、「知識及び技能」と「知識・技能」、「思考力、判断力、表現力等」と「思考・判断・表現」、「学びに向かう力、人間性等」と「主体的に学習に取り組む態度」がそれぞれ対応し、それらが学習状況を「分析的」に捉える「観点別学習状況の評価」と、「総括的」に捉える「評定」の対象となることがわかる。ただし、「学びに向かう力、人間性等」には「観点別学習状況の評価や評定には示しきれない児童生徒一人一人のよい点や可能性、進歩の状況」を捉える「個人内評価」の対象となる部分があることがわかる。

以上から、「資質・能力の三つの柱」と評価の観点との相関構造が明らかとなった。

評価規準の設定と評価・評定の具体像

（1）評価規準設定の手順

　では、評価規準の設定はどのようになされるのか。目標と評価の観点が合致していなかった2010年版指導要録では、国立教育政策研究所が公表する「評価規準の作成、評価方法等の工夫改善のための参考資料」に沿って評価規準を設定することが一般化していた。しかし、要領と要録の対応関係が成立すれば、目標と評価の観点は共通性の高い記述をすることができる。よって、「報告」で、「今回の学習指導要領改訂では、各教科等の目標及び内容が資質・能力の三つの柱に再整理されたことを踏まえ、評価規準の作成に関わっては、現行の参考資料のように評価規準の設定例を詳細に示すのではなく、各教科等の特質に応じて、学習指導要領の規定から評価規準を作成する際の手順を示すことを基本とする」（p.25）と明記されたように、一定の手順に基づく教師たち自身による作成が求められているのである。

　その手順は、国立教育政策研究所教育課程研究センター「『指導と評価の一体化』のための学習評価に関する参考資料（小学校、中学校）（評価規準の作成及び評価方法の工夫等）【案】第１編」（2019年６月）において示されている。まず、①各教科における「内容のまとまり」と「評価の観点」との関係を確認する、とある。「内容のまとまり」とは、学習指導要領に示す各教科等の「第２　各学年の目標及び内容　２　内容」に記されたものである。例えば、中学校社会の公民的分野「A　私たちと現代社会 ⑴ 私たちが生きる現代社会と文化の特色」において、「内容のまとまり」は次のようになっている。

　位置や空間的な広がり、推移や変化などに着目して、課題を追究したり解決したりする活動を通して、次の事項を身に付けることができるよう指導する。

ア　次のような知識を身に付けること。

　㋐　現代日本の特色として少子高齢化、情報化、グローバル化などが見られることについて理解すること。

　㋑　現代社会における文化の意義や影響について理解すること。

イ　次のような思考力、判断力、表現力等を身に付けること。

　㋐　少子高齢化、情報化、グローバル化などが現在と将来の政治、経済、国際関係に与える影響について多面的・多角的に考察し、表現すること。

　㋑　文化の継承と創造の意義について多面的・多角的に考察し、表現すること。

この中身は「資質・能力の三つの柱」と対応しており、そのまま学習指導の目標となり得るものである。つまり、「内容のまとまり」と「評価の観点」が対応関係にあることがまず確認できればよい。なお、「学びに向かう力、人間性等」、すなわち「主体的に学習に取り組む態度」については、長期的に育成されるものという趣旨から「２　内容」には記載がない。

次に、②「評価の観点及びその趣旨」を踏まえ「内容のまとまりごとの評価規準」を作成する、という手順が示されている。「評価の観点及びその趣旨」とは、「通知」における「〔別紙４〕各教科等・各学年等の評価の観点等及びその趣旨」において具体的に示されている（p.5）。中学校社会の公民的分野を例に挙げてみよう。

観点／学年	知識・技能	思考・判断・表現	主体的に学習に取り組む態度
公民的分野	個人の尊厳と人権の尊重の意義、特に自由・権利と責任・義務との関係を広い視野から正しく認識し、民主主義、民主政治の意義、国民の生活の向上と経済活動との関わり、現代の社会生活及び国際関係などについて、個人と社会との関わりを中心に理解を深めているとともに、諸資料から現代の社会的事象に関する情報を効果的に調べまとめている。	社会的事象の意味や意義、特色や相互の関連を現代の社会生活と関連付けて多面的・多角的に考察したり、現代社会に見られる課題について公正に判断したり、思考・判断したことを説明したり、それらを基に議論したりしている。	現代の社会的事象について、国家及び社会の担い手として、現代社会に見られる課題の解決を視野に主体的に社会に関わろうとしている。

これを踏まえて「内容のまとまりごとの評価規準」が作成される。なお、「２　内容」に記載がない「主体的に学習に取り組む態度」については、当該欄の記述を参考にしつつ、「内容のまとまりごとの評価規準」を設定する必要がある。ここで、新指導要録の評価枠組みに先進的に取り組んで成果を公開している数少ない事例の一つとして、岩手県立総合教育センター『「主体的・対話的で深い学び」の実現に向けた授業改善　中学校社会科　高等学校地理歴史科・公民科編（授業実践資料集）』（2018年３月）を参照しよう。先掲の「A　私たちと現代社会　⑴　私たちが生きる現代社会と文化の特色」の範囲に該当する単元計画（宮古市立宮古西中学校３年生）では、評価規準が次のように設定されている（p.2）。

知識・技能	思考・判断・表現	主体的に学習に取り組む態度
・グローバル化が私たちの生活に与えている変化とその影響（豊かで便利になっている点と課題となっている点）について理解している。 ・少子高齢化の進行で、課題となっている点について理解している。 ・「持続可能な社会」と「社会参画」の考えについて理解している。	・情報社会への対応の仕方について、様々な立場や視点から考察し、相互に考えを交流することで理解を深めている。 ・グローバル化・情報化・少子高齢化がこのまま進行すると、今後10年くらいの間に自分たちの生活や地域にどのような課題が生まれてくるか、自分の考えをまとめ適切に表現している。	・スーパーマーケットの店内に見られる「グローバル化」「情報化」「少子高齢化」の影響に関心をもち、意欲的に追究しようとしている。 ・「グローバル化」「情報化」「少子高齢化」の影響について、これまでの学びを意欲的に振り返っている。

「内容のまとまり」と「評価の観点及びその趣旨」がうまく融合され（「主体的に学習に取り組む態度」については「課題解決を視野に主体的に社会に関わる」の色がやや薄いが）、単元ごとの評価規準、「内容のまとまりごとの評価規準」として設定されていることがわかる。「設定例を詳細に示す」のをやめ、「手順を示す」にとどめることで、個々の教師、各学校における創意工夫を生かした評価規準の設定が可能となるのである。

（2）評価・評定のポイントと留意点

では、設定された評価規準に沿って、実際どのように評価すればよいのだろうか。ここでは「報告」に記されているポイントや留意点を中心に確認しておこう（pp.7-10）。

第一に、「知識・技能」の観点は、「各教科等における学習の過程を通した知識及び技能の習得状況について評価を行うとともに、それらを既有の知識及び技能と関連付けたり活用したりする中で、他の学習や生活の場面でも活用できる程度に概念等を理解したり、技能を習得したりしているかについて評価するもの」とされる。習得するだけでなく、それを他の学習や生活の場面に活用することが求められる。例えば、司法・立法・行政という個別的知識を、三権が相互に関連しそれぞれの役割を果たすことで、現在の日本の民主政治が成り立っているという概念的知識として結び付け、その概念的知識から自分たちの身の回りの社会的事象を説明できるかを評価の対象にするのである（赤沢 2019）。

具体的な評価方法としては、ペーパーテストにおいて、事実的な知識の習得を問う問題と知識の概念的な理解を問う問題とをバランスよく用いるだけでなく、文章による説明、観察・実験、式やグラフによる表現など、実際に知識や技能を活用する場面を設け、多様な方法を適切に取り入れていくことが必要であるとされる。

第二に、「思考・判断・表現」の観点は、「各教科等の知識及び技能を活用して課題を解決する等のために必要な思考力、判断力、表現力等を身に付けているかどうかを評価するもの」とされる。「知識・技能」でも「活用」は重視されていたが、それが与えられた条件や場面に活用できるかを評価するのに対し、「思考・判断・表現」では知識や技能をごみ問題などの現実の課題解決のために活用するという点が重視されているのである。

具体的な評価方法としては、ペーパーテストだけでなく、論述やレポートの作成、発表、グループでの話合い、作品の制作や表現等の多様な活動を取り入れたり、それらを集めたポートフォリオを活用したりするなど評価方法を工夫する必要がある。

第三に、「主体的に学習に取り組む態度」の観点は、「単に継続的な行動や積極的な発言等を行うなど、性格や行動面の傾向を評価するということではなく」、「知識及び技能を獲得したり、思考力、判断力、表現力等を身に付けたりするために、自らの学習状況を把握し、学習の進め方について試行錯誤するなど自らの学習を調整しながら、学ぼうとしているかどうかという意思的な側面を評価することが重要である」とされる。つまり、学習への動機づけに関わる「入口の情意」（真面目さや積極性としての授業態度や興味・関心・意欲）ではなく、学習の結果生まれ、学習を方向づける「出口の情意」（知的態度、思考の習慣、市民としての倫理・価値観など）を評価するのである（石井 2019）。

この観点においては、①「知識及び技能を獲得したり、思考力、判断力、表現力等を身に付けたりすることに向けた粘り強い取組を行おうとする側面」と、②「①の粘り強い取組を行う中で、自らの学習を調整しようとしている側面」の両面から評価を行う必要がある。その際、①は認められるが②は認められない場合には、「十分満足できる」（Ａ）とは評価されない。学習に対する粘り強さや積極性を肯定するだけではなく、改善に向けて学習を自己調整しているかを含めた評価が求められるからである。仮に、３観点の評価が「ＣＣＡ」や「ＡＡＣ」とばらつきを伴った場合、その原因を検討して学習指導の改善を図る必要がある。

具体的な評価方法としては、ノートやレポート等における記述、授業中の発言、教師による行動観察や、自己評価や相互評価等の状況が評価の材料となる。各教科等の特質や、発達段階、各人の個性を考慮しながら、他の観点の状況を踏まえた上で、評価を行う必要がある。

以上から、評価規準設定の手順、及び評価・評定のポイントと留意点が明らかとなった。

3 「客観性」を保証する評価規準・基準づくりに向けて

「目標に準拠した評価」が2001年版指導要録から確たる位置を占めるようになったことは冒頭で触れた。これに対し、それは教師の主観的な判断に陥りやすいという批判がマスコミを中心に巻き起こった。振り返ってみれば、「主観的」という批判は、戦前の絶対評価に対して「客観的」であることを標榜する相対評価に抱えられて登場したものである。しかし、絶対評価と「目標に準拠した評価」を同種のものと見なし、この類の批判を繰り返すという愚に陥るわけにはいかない。つまり、排他的な競争を生み出す相対評価の「客観性」とは異なる、「客観的」に存在する教育目標を評価規準とする「目標に準拠した評価」の「客観性」を追究していかなければならないのである（田中 2008）。

さて、行論において「評価規準」という言葉を特に断りなく用いてきた。しかし、「客観性」の問題を考えるには二つの「キジュン」を区別しておく必要がある。まず、「規準」（criterion）とは教育評価を目標準拠で行うということである。しかし、この段階にとどまっていては、「目標に準拠した評価」は単なるスローガンに終わってしまう。その「規準」は量的・段階的に示された「基準」（standard）にまで、つまり「規準づくり」から

「基準づくり」にまで具体化されなくてはならないのである。

では、どのように基準をつくればよいのだろうか。例えば、「異分母分数の足し算ができる」などの課題では、客観テストの何問中で何％の正解率という形で量的な「基準づくり」が可能である。かつての相対評価が影響力を持った時代にはそれで事足りた面もあった。しかし、思考力や判断力などの高次の目標が重視され、それを質的に把握する必要に迫られてくると、量的な「基準づくり」では無理が生じる。そこで質的な「基準づくり」として登場してきたのが、「ルーブリック（評価指標）」という考え方である（田中 2008）。

先掲の宮古西中学校の事例では、「10年後の宮古市について、自分の考えを説明しよう！」をパフォーマンス課題とする「思考力・判断力」のルーブリックが次のように示されている（岩手県立総合研究センター（2018）、p.4。ただし、一部抜粋）。

評価規準 判断基準	思考力・判断力
5 すばらしい	「グローバル化」「情報化」「少子高齢化」の進行が、10年後の宮古市に与える影響について、単元の学習前に身に付けていた知識も生かして考えている
4 良い	「グローバル化」「情報化」「少子高齢化」の進行が、10年後の宮古市に与える影響について、この単元で学んだことを生かして、社会・文化・政治・経済等複数の面から考えている
3 合格	「グローバル化」「情報化」「少子高齢化」の進行が、10年後の宮古市に与える影響について、この単元で学んだことを生かして、様々な人の立場から考えている
2 もう一歩	「グローバル化」「情報化」「少子高齢化」の進行が、10年後の宮古市に与える影響について考えているが、様々な人の立場をふまえていない
1 がんばりましょう	「グローバル化」「情報化」「少子高齢化」の進行が、10年後の宮古市に与える影響について、考えることができていない
判断基準４は判断基準３の内容も達成できていることを含めて、判断基準５は判断基準３・４の内容も達成できていることを含めて判定する。	

「報告」において、「学習評価の妥当性や信頼性が高められるよう、例えば、評価規準や評価方法等を事前に教師同士で検討し明確化することや評価に関する実践事例を蓄積し共有していくこと」（p.26）などの重要性が強調されているように、評価規準を作成する際には、同僚教師たちとの連携など学校をあげた取組が必要となる。目標の「客観性」による評価の「客観性」の確保という道は決して平坦なものではないのである。

最後に、中畑（2011）を参照しながら、「客観性」とは何かを問い、結びとしたい。まず、主観・主体を意味するサブジェクト（subject）は、ラテン語のスブイェクトゥム、さらはギリシア語のヒュポケイメノンに由来するもので、様々な属性を担うべき基本的存在（「基体」）を意味し、それ自身で存在するすべての物を指していた。しかし、「私」がサブジェクトを特権的に占有するようになることで「主観」へと変容する。これに対し、客観・対象を意味するオブジェクト（object）は、ラテン語のオブイェクトゥムに由来し、「私が○○を思い浮かべる」という場合の表象される内容、現在で言えば「主観的」なものを意味していた。ところが、サブジェクトが主観に変貌することで、主観が認識する「対象」、主観から独立した存在としての「客観」へと意味を転じていく。サブジェクトは「自存する存在者」から「主観」へと、オブジェクトは「心的作用の相関者」から「客観」へと、「主客転倒」したのである。

オブジェクトはさらに、ギリシア語のアンティケイメノンに遡及できる。そこでは、「対置されるもの」「関係的なもの」を意味していた。そして、アリストテレスは人間の魂の能力とその対象とを相関的に理解すべく、このアンティケイメノンという語彙を用いた。視覚は色という対象の因果的な力を受容する能力であり、感覚や思考も含めて、作用を受けることがそのまま能力の発現なのである。よって、能動的（active）・受動的（passive）という対立軸で魂の能力を分類するという発想はアリストテレスにはない。アンティケイメノンによって構成される世界とは、認知される可能性を有しつつ私たちに与えられているのである。

さすれば、目標の「客観性」とは、主観から独立した存在としての「客観」、さらにはアンティケイメノンに近似するのではないか。アリストテレスに倣えば、教育目標において必要以上に能動的な能力を称揚し、主体による対象の活用を強く要請することは、世界の受容（パトス）を滞らせる危険性もある。能力は対象とあくまで相関的で、対象を受容するものなのである。「主体的に学習に取り組む態度」の評価規準が「課題解決を視野に主体的に社会に関わる」といった趣旨に沿いにくいのは、こうした能力観が決して過去の遺物ではないこと、そして対象がその魅力を湛えつつ受容を待っていることを示しているのではないか。

●参考文献

赤沢早人「評価規準を具体化、焦点化し、「覚える」から「考える」社会科へ」石井英真・西岡加名恵・田中耕治編著『小学校　新指導要録改訂のポイント』日本標準、2019年、pp.56-61
石井英真「新指導要録の提起する学習評価改革」石井英真ほか編著同上書、pp.16-23
田中耕治『教育評価』岩波書店、2008年
中畑正志『魂の変容―心的基礎概念の歴史的構成』岩波書店、2011年

第4章

単元を通した評価と本時の評価

第４章 単元を通した評価と本時の評価

山本はるか

1 単元を見通した評価を行うために

2017（平成29）年改訂学習指導要領では、教育目標としての「資質・能力の三つの柱」と、資質・能力を育成するための授業改善の視点として「主体的・対話的で深い学び」が示された。「資質・能力の三つの柱」は、子どもたちが「何ができるようになるか」を明らかにするものであり、①知識・技能の習得（何を理解しているか、何ができるか）、②思考力、判断力、表現力等の育成（理解していること・できることをどう使うか）、③学びに向かう力、人間性等の涵養（どのように社会・世界と関わり、よりより人生を送るか）で整理されている。資質・能力とは、学校で育まれる学力が教科内容に即して形成される認知的な能力に限定して捉えられがちであったことを反省し、教科横断的に、また非認知的要素も含めて、学校で育成するものの中身を広げていくためのキーワードである。2004（平成16）年のPISAショックを背景に、知識・技能の習得だけでなく、思考力・判断力・表現力等の育成に重点が置かれてきたが、さらに社会で求められる社会的スキル等も含み込んで、学力が問い直されている。

この教育目標の達成に向けて、授業を改善するために位置付けられている視点が、「主体的・対話的で深い学び」である。当初は「アクティブ・ラーニング」という名で方針が打ち出されていたが、子どもたちが主体的にまた対話的に活動に取り組んでいたとしても、深く学習することにつながっていない場合があるという懸念を踏まえて、「深い学び」を含めた三つの視点として整理された。

この「資質・能力の三つの柱」と「主体的・対話的で深い学び」の関係を示したのが、図１である。「資質・能力の三つの柱」は、段階的に育まれるものではなく、「主体的・対話的で深い学び」の視点から授業を質的に改善し、改善された授業を継続していくことによって、相互に関連しながら育まれるものである。例えば、基礎的・基本的な知識・技能の習得に課題が見られる場合に、「深い学び」の視点から学習内容の深い理解や動機付けにつなげたりすることなどが重要であるとされている。そのため、あくまで「資質・能力の三つの柱」が関連付けて発揮されるような学習課題を設定し、その学習課題に取り組むなかで、子どもたちが自らの学習活動を振り返って次につなげたり、子ども同士の協働を通して自分の考えを広げ・深めたり、各教科等の特質に応じた「見方・考え方」を働かせ、知識を相互に関連付けてより深く理解したりするような機会を単元の中に設定することが必要である。

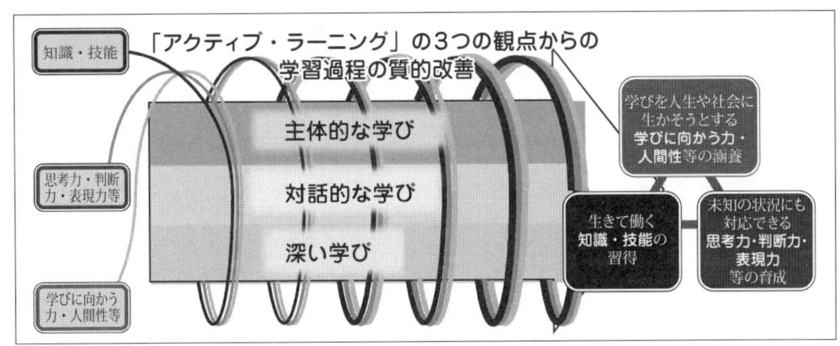

図１　資質・能力の育成と主体的・対話的で深い学びの関係

（中央教育審議会「幼稚園、小学校、中学校、高等学校及び特別支援学校の学習指導要領等の改善及び必要な方策等について（答申）補足資料」2016年12月、p.12）

そのような学習課題の設定に役立つのが、「真正の評価（authentic assessment）」論という考え方であり、その考えに基づくパフォーマンス課題である。「真正の評価」論とは、「大人が仕事場、市民生活、私生活の場で『試されている』、その文脈を模写したりシミュレートしたりする」課題に取り組ませるなかで、子どもたちを評価する考え方である[1]。日常の授業場面と断絶した作為的な問題を子どもたちに課し、良い成績をおさめたとしても、子どもたちにとって生きて働く学力が身に付いたとは言えない。そこで「真正の評価」論では、知識が実生活で生かされている場面や、その領域の専門家が知を探究する過程を追体験できる課題を開発し、学校での学習を現実生活のリアルな文脈に近づけるのである。

これまでの日本においても、子どもたちの実生活とのつながりを意識した授業は実践されてきた。例えば、教科書の導入部分において、実生活を想起させるような学習活動が設定されている場合がある。しかしながら、導入部分で意識された実生活とのつながりが、単元終了時には活かされていない場合が多い。これは、単元終了時に行われる「総括的評価」が、授業の豊かさと比べて矮小化されてきた経緯があることと関係している。総括的評価とは、単元終了時に、単元を通して何を学んだのかを確かめるために行われる評価である。これまで総括的評価としてテストが実施される場合が多かったが、豊かな目標を設定し、豊かな授業を実践しているにも関わらず、テストで評価を行うだけでは、その目標や授業が評価に活かされず、結局は子どもたちに、テストに対応する学力のみを求めているというメッセージを伝えてしまう。そのため、「思考・判断・表現」している子どもたちの姿を捉えられるような評価課題の設定と、その評価課題に取り組む授業を実施することが求められる。「なぜなんだろう？」「どうなっているんだろう？」と思わず子どもたちの心が動いてしまうような課題を単元の中核に据えることで、子どもたちが課題解決に向かう学習の中で「資質・能力の三つの柱」を関連付けることになる授業を実現するのである。

また「形成的評価」の在り方を問い直す必要もある。「資質・能力の三つの柱」と「主体的・対話的で深い学び」をキーワードとした教育改革は、2000年代以降進められてきた「指導と評価の一体化」を一層強化することを求めるものである。「指導と評価の一体化」は、指導の改善につながる評価活動を実施することによって、指導の質を高めることを目指すものである[2]。しかしながら、「指導と評価の一体化」を実現しようとするあまりに、日々の授業においては、教師が常に評価のためのデータ取りや学習状況の点検に追われる「評価の煩雑化」と呼ばれる状況が生まれている[3]。中教審答申においても、「［指導要録に記載すべき３観点を］毎回の授業で全てを見取るのではなく、単元や題材を通じたまとまりの中で、学習・指導内容と評価の場面を適切に組み立てていくことが重要」であると指摘され[4]、「評価の記録については、原則として単元や題材等のまとまりごとに、それぞれの実現状況が把握できる段階で行うこと」「複数の単元や題材にわたって長期的な視点で評価すること」などが提案されている[5]。つまり、「指導と評価の一体化」の前に「目標と評価の一体化」を行い、授業の目標を焦点化することで、「指導と評価の一体化」の名のもとに評価の煩雑化が進む危険性を避け、単元を見通した学力評価計画を立てる必要がある。教師が授業中の子どもの様子を観察し、目標に向かう子どもたちの姿を捉え、発問を加えたり、新たな学習活動を取り入れたりするなど、教師の子どもを見る目が重視されている一方で、日々の積み重ねを重視するあまり、そのような日々の学習の記録を成績付けにつなげる場合もある。形成的評価を、例えばノートの提出等で行い、それらをすべて評定に換算してしまうと、教師の日々の業務が増え、態度主義となる危険性がある。評定とつながるものではなく、教師と子どもが次の授業をつくっていくための材料となったり、子ども自身が目標を見据えて、現状の自分を判断することを求めたりするような評価の在り方を模索する必要もあるだろう。

では具体的に、どのような学力を目標として設定し、どのような評価方法を位置付けた単元を設計することで、「資質・能力の三つの柱」を育成することができるだろうか。次節では、小学校第５学年の理科の単元「ふりこの動き」を取り上げ、具体的に見ていきたい。

小学校第５学年理科における単元「ふりこの動き」の評価

（1）目標と評価を対応させた学力評価計画

ここで取り上げる実践は、2018（平成30）年２月に京都教育大学附属桃山小学校の長野健吉教諭が取り組んだものである。本単元が位置付く領域「エネルギー」では、量的・関係的な視点で捉えること、比較したり関係付けたりするなどの科学的に探究する方法を用いて考えることという見方・考え方を働かせ、エネルギーを発生させる原因と結果の関係性と、それらを変化させたときの量的変化を捉えることを目標とする。第５学年「ふりこの動き」では、ふりこの１往復の時間が、「振れ幅」「おもりの重さ」「ふりこの長さ」のどの要因によって変化するのかを、条件を制御した実験を通して特定することが求められる単元である。

そこで本単元では、表１に示すとおり、「知識・技能」の目標として、「ふりこの長さによって１往復する時間が変わる」という知識と、「実験装置の的確な操作」と「定量的なグラフの記録」という技能の習得を設定した。一方、「思考力・判断力・表現力」の目標は、条件制御した実験を計画できること、実験を踏まえた考察を表現できることとして設定した。そして「主体的に学習に取り組む態度」は、ふりこの運動の規則性を調べようとしているという、子どもたちが自らの学習を客観視し、調整できていることと設定した。

表１　本単元の目標

知識・技能	思考力・判断力・表現力	主体的に学習に取り組む態度
・糸につるしたおもりが１往復する時間は、振れ幅やおもりの重さなどによっては変わらないが、ふりこの長さによって変わることを理解している。 ・振れ幅、おもりの重さ、ふりこの長さなどの条件を制御して、実験装置を的確に操作し、安全で計画的に実験している。 ・ふりこの１往復する時間について調べ、その過程や結果を表やグラフを利用して定量的に記録している。	・ふりこの運動の変化とその要因について予想や仮説をもち、条件に着目して実験を計画し、表現している。 ・ふりこの運動の変化とその要因を関係付けて考察し、表現している。	・ふりこの運動の変化を捉え、自らふりこの運動の規則性を調べようとしている。

（長野健吉「ふりこの動き」京都教育大学附属桃山小学校『平成29年度京都教育大学附属学校教育実践研究発表会　実施要項・学習指導案』2018年、p.5年-理科- 1 から引用。）

これらの目標に対応した評価として、以下の評価方法を選択することができる。まず本単元の「知識・技能」は、「ふりこの１往復する時間は（　）によって変わる。（　）に当てはまる言葉を答えなさい」という設問の客観テストにおいて、「ふりこの長さ」と答えることができれば、習得していると見なすことができる。また技能は、「実験装置の的確な操作」は操作場面を見ることで、「定量的なグラフの記録」は記入後の記録用紙で確認できる。

一方、「思考力・判断力・表現力」については、表２に示すパフォーマンス課題を設定することができる。これは、一人の男の子が、ある友達とブランコで遊ぶ際、必ず負けてしまうという状況を設定し、負ける原因を探る課題である。ブランコは、本単元の教科書の導入部分でも写真が掲載され、ブランコで遊んだときの体験について話し合う学習活動が設定されている。単元最後には、ふりこ時計などの身の回りの製品にもふりこが用いられている事例など、ふりこに関わる子どもたちの世界を広げる事例を知ることができるようになっている。しかしながら、それらは知識を広げるために使用されるものであり、単元の導入部分に想起した体験を捉え直したり、新たな気付きや発見が生まれたりするようには構成されていない。そのため、実生活の中にある問題への対処は図られていない。また単元中盤では、実験具を用いた検証となる場合が多く、実生活との隔たりが広がってしまう。そこで、このパフォーマンス課題では、単元の始まりと終わりを、身近なブランコを題材とすることでつなげ、身近な物を用いて子どもたちが操作した上で思考・判断・表現することのできる題材を選択し、子どもたちが自らの知識を再構成していくことを促すことを期待した。

表２　本単元で設定したパフォーマンス課題

５年生の太郎くんは、よく友達のＡくんＢくんＣくんの３人と公園のブランコで遊んでいます。しかし、同じ姿勢で漕いでいるのに、いつも太郎くんは「ある友達」に10往復する時間が負けてしまいます。どうして負けてしまうのだろうといつも不思議がっていました。そこであなたは、ふりこの規則性の学習を活かして説明したいと思います。

Ａくん………身長135cm　体重40kg　　Ｂくん………身長140cm　体重30kg
Ｃくん………身長150cm　体重35kg　　太郎くん……身長140cm　体重35kg

（長野、前掲書、p.5年-理科- ２から引用。）

（2）単元計画について

本単元は、表３に示すとおり全９時間で構成し、大きく三つの段階に分けた。まず「課題把握」の段階では、教師からパフォーマンス課題を提示する。ここでは、子どもの実感として、「立って漕いだ方が速い」などの感覚があると考えられるため、パフォーマンス課題として設定されている状況を、子どもと明確にし、共有していく。その際、子どもがふりこの動きについて自由試行できる時間を取り、おもりや糸、振れ幅に意識を持つことができるようにする。最後に「動いているふりこには、どのような規則性があるだろうか。また、それはどのようなことで確かめられるだろうか」という「単元を貫く問い」を提示する。子どもたちは、その問いに答えることで、自分なりの仮説を立てられるととも

表３　単元計画

時		内　容
課題把握	1	教師がパフォーマンス課題を提示する。子どもたちは、ふりこを作って動かし、課題を把握する。単元を貫く問いに答える。
課題追究	2・3	「振れ幅」「おもりの重さ」「ふりこの長さ」の視点で仮説を立てる。立てた仮説に沿って実験計画を練る。条件制御の方法を確かめ、変数の値を決める。１往復する時間の調べ方と、結果の書き方を知る。
	4～6	実験を行い、仮説を確かめ、結論を得る。
課題解決	7～9	パフォーマンス課題の解決に向け、情報を整理し、論理的に説明する。単元の問いに答えて、ふりこの規則性についてまとめる。

（長野、前掲書、p.5年-理科-３をもとに筆者作成。）

に、単元を通して何を説明できるようになればよいのかという見通しを持つことができる。

「課題追究」の段階では、「１往復する時間は何によって変わるのか」という問いに答えるための仮説を立てる。その際、要因を「振れ幅」「おもりの重さ」「ふりこの長さ」の視点から探ること、「変える条件」と「変えない条件」を整理し実験計画を立てることを促していく。なお長野学級は、タブレットPCを一人一台使用できるICT環境が整えられている。ICTの持つ特性や強みは、①時間や空間を問わない、音声・画像・データ等の蓄積、②相互的な情報の発信・受信のやりとり、③多様で大量の情報を、収集、整理・分析、まとめ・表現できることの３点に整理することができるが、この特性や強みは、「主体的・対話的で深い学び」と対応させることができる。すなわち、①情報を蓄積できるため、その情報を用いて、見通しを持ったり振り返ったりすることができる、②情報の送受信ができるため、考えを共有したり交流したりできる、③情報の収集等ができるため、情報を精査・比較したり、関連付けたりすることができる。そこで本単元でも、三つの仮説を確かめるために、タブレットPCに実験の動画や画像、データなどの情報を蓄積しながら、何が必要な情報なのかを子どもが考えられるよう促したり、その情報を用いて筋道立てて整理できるように促したりすることで、「主体的・対話的で深い学び」を促す手立てとして活用とした。

最後に「課題解決」の段階では、再度パフォーマンス課題に出会う。これまでの学びの蓄積の中から、課題に合う情報を選び出したり、組み合わしたりして解決していく。また、単元で学んだ言葉を使いながら、どの順序で情報を整理すれば筋道が立つのかについて考えたりするように促し、相手意識を持った説明ができるようにする。

前述のとおり、評価の記録は「それぞれの実現状況が把握できる段階」で行うことが推奨されている。では本単元では、どの時点が実現状況を把握できる段階だろうか。まず

「ふりこの１往復にかかる時間は、ふりこの長さによる」という知識は、単元終了時に答えられるようになってほしい知識であり、客観テストを行うことで評価することができる。次に、本単元で「定量的なグラフの記録」という技能は、第４～６時間目の実験時に確認することができる。実験計画の立案は、第７～９時間目において、パフォーマンス課題に対する回答を書かせることで確認することができる。なお、ここに挙げた時間は、総括的評価につながるものである。もちろん、それ以外の時間においても、形成的評価が必要である。

（3）本時について

単元計画上、パフォーマンス課題に取り組み始め、「思考力・判断力・表現力」が発揮される第７時間目を、本時として設定してみよう。取り組み始めると言っても、実のところ、子どもたちは第４～６時間目の実験で、パフォーマンス課題の解決に向けて考察を始めている。中には、予定していた実験の終了後、ふりこをブランコとして見立てた実験を追加する子どももいたという。それほど、課題解決に向けて子どもの意欲が高まっていた。

本時ではまず、１時間目で出会ったパフォーマンス課題に再度出会い、第２～６時間で学習した内容を振り返るとともに、解決すべき箇所をあぶりだす。次に、子どもといっしょに「めあて」を分析し、本時のゴールを具体化する。長野学級では、教師が抽象的な表現で「めあて」を表記し、子どもと「めあて」を具体化することで、本時のゴールを自分の言葉で意識できる手立てとしている。本時では、「ふりこの規則性」を再確認し、「考

表４　本時の展開

学習活動	指導上の留意点	評　価
１．パフォーマンス課題の確認	○第４～６時の実験結果を振り返り、どの部分が問題なのかを意識できるようにする。	
めあて：ふりこの規則性から課題の解決策を考えよう		
２．めあての確認	○「ふりこの規則性」を振り返り、課題を解決するための考え方を共有する。	
３．課題への取り組み	○問題点に目を向けられるように、これまでの実験を比較するよう促す。 ○これまでの実験の蓄積の中から的確に選択するようにする。	
４．結果の交流	○速くならない例についても説明できるようにする。 ○説明にあたって、新しく追加したい実験や見せ方があれば提案できるようにする。	ふりこの運動の変化とその要因を関係付けて考察している
５．振り返り	○課題の解決策をどのように考えたのかについて、めあてをもとに考えるよう促す。	

（長野、前掲書、p.5年-理科- 4をもとに筆者作成。）

えよう」に「多面的に」という言葉を追加することで、「めあて」を具体化した。その上で、課題解決に必要な情報を選択・整理・関連付けできる機会を設定した。

このように、前時までの学習を振り返る機会を設けるとともに、それまでに蓄積した学習を子どもたちが自由に使いこなすことができるようにすること、思わず考えたくなる課題を設定し、それを自分の言葉で追究できるような手立てを打つことで「主体的・対話的で深い学び」を促していくことができるだろう。

単元と本時における評価の質を高めるために

単元を通して獲得してほしい知識・技能を明らかにし、そのような知識・技能を用いて、どのような課題を解決できるようになってほしいのかを子どもの姿で明らかにすること、その姿を目標として定め、目標と評価を対応させた単元を計画すること、評価方法を選択する際には、「真正の評価」論に基づき、子どもの実生活とつながり、単元で獲得する知識・技能を活用できるパフォーマンス課題を構想することによって、「資質・能力の三つの柱」を関連付けながら育成する授業を実現することができる。今回紹介した単元「ふりこの働き」においても、子どもたちは、教科書に示されている条件制御の実験を、知識獲得のためだけでなく、課題解決のための材料として捉えることができた。パフォーマンス課題を単元に位置付けていなければ、単元の導入部分と終末部分を関連付けようとする子どもの姿を見取ることはできなかっただろう。

すべての授業で成績付けと直結する評価を行うのではなく、単元を通して育てたい学力を評価することのできる評価課題を位置付けた評価計画を立てることで、教師も子どもも授業に向かう余裕が生まれる。思わず子どもの心が動いてしまうパフォーマンス課題を設定するためには、教師は膨大な教材研究の蓄積に触れ、子どもの実生活と教育内容の関連性を吟味し、子どもにとって魅力的な課題を生み出す必要がある。そのため、教員の負担感を増す可能性もある。しかしながら、子どもの心が動く瞬間を目撃することは、煩雑な評価を記録することよりも、教員の納得につながる業務となるのではないだろうか。

なお本章では、単元内での評価の在り方を見てきたが、単元間のつながりを意識した評価計画の設計も必要である。例えば、第４学年「電気の働き」においても条件制御は活用されるが、子どもたちが、当時の実験と照らし合わせて実験計画を立案するなどの単元間のつながりが生まれるような設計や、単元間をつなぎ領域を貫く問いの設定も必要だろう。

最後に、本章では「資質・能力の三つの柱」と「主体的・対話的で深い学び」を中心に述べてきたが、子どもたちが真に深く学ぶことができるためには、教育内容（何を学ぶか）の広さと深さが保障されていなければならない。教師が先行して教育内容を学ぶ担い手であることが、子どもたちの学力を保障する大前提として不可欠であるだろう。

●注

1　G. Wiggins, *Educative Assessment: Designing Assessments to Inform and Improve Student Performance*, Jossey-Bass, 1998, p.24
2　教育課程審議会「児童生徒の学習と教育課程の実施状況の評価の在り方について（答申）」2000年
3　石井英真『今求められる学力と学びとは―コンピテンシー・ベースのカリキュラムの光と影』日本標準、2015年
4　中央教育審議会「幼稚園、小学校、中学校、高等学校及び特別支援学校の学習指導要領等の改善及び必要な方策等について（答申）」2016年
5　中央教育審議会初等中等教育分科会教育課程部会「児童生徒の学習評価の在り方について（報告）」2019年

第5章

「知識・技能」の捉えと評価

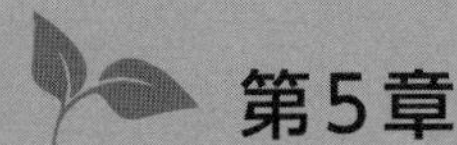

第５章　「知識・技能」の捉えと評価

河﨑美保

1　知識・技能の新しい捉え方

今回の学習指導要領改訂では、各教科等の目標や内容が「知識及び技能」「思考力、判断力、表現力等」「学びに向かう力、人間性等」の資質・能力の三つの柱で再整理された。これに照らして学習状況を評価するために、学習評価の基本的な枠組みでは、現行の観点別学習状況の評価のうち「知識・理解」「技能」が「知識・技能」へと改訂された。

学習指導要領改訂の基本的な方向性を示した中央教育審議会の答申（2016年12月21日）では、「知識・技能」は次のように説明されている。

> 「何を理解しているか、何ができるか（生きて働く「知識・技能」の習得）」
> 各教科等において習得する知識や技能であるが、個別の事実的な知識のみを指すものではなく、それらが相互に関連付けられ、さらに社会の中で生きて働く知識となるものを含むものである。

ここで、「知識・技能」という目標・内容は「生きて働く」水準のものであることが強調されていると言える点が重要である。「知識」は、既存の知識と関連付けたり組み合わせたりしていくことにより、主要な概念が形成され、社会における様々な場面で活用できることを意味しており、「技能」は個別の技能が自分の経験や他の技能と関連付けられ、変化する状況や課題に応じて主体的に活用できる技能として習熟・熟達していくことを意味している。知識や技能は、思考・判断・表現を通じて習得されたり、その過程で活用されたりするものである（同答申）。

答申に至る学習指導要領改訂の検討の方向性を底支えしたのは「『学ぶとはどのようなことか』『知識とは何か』といった、『学び』や『知識』等に関する科学的な知見の蓄積」とされる（教育課程企画特別部会論点整理、2015年８月26日）。そもそも「理解」とは知識や技能という対象との間に学び手がとる関係の結び方の一つであると考えると（Bereiter, 2002）、理解という語が知識と並んで記されるのではなく、「知識・技能」として整理されたことで、「知識・技能」という内容・目標が何を意味するのかがより明確に捉えやすくなったと考えられる。各教科等の領域固有の知識・技能と思考力等は課題解決の文脈で駆動する両輪のように機能し、習得・洗練されていく。今回の改訂ではそのような「知識・技能」観への更新が意図されているのである。そうであればこそ、改めて領域固有の知識・技能の重要性が強調され、いつ使うのかという条件付けられた知識・技能として習得されることがねらわれていると言える。評価においてはこの点に十分留意して取り組む必要がある。

2　知識・技能の評価のポイント

新学習指導要領では、資質・能力の三つの柱に沿って各教科の目標が整理され示された。「知識・技能」の評価においては、それが活用できる「知識・技能」であることを念頭におき、それらを活用して「解決したい課題や問い」がある学習場面を工夫し評価することがポイントとなるだろう。

例えば、中学校社会科の目標（表１）には、「課題を追究したり解決したりする活動を通して」とあり、これについて、『中学校学習指導要領（平成29年告示）解説 社会編』では「三つの柱に沿った資質・能力を育成するためには、生徒が課題を追究したり解決したりする活動の一層の充実が求められる。それらはいずれも『知識及び技能』を習得・活用して思考・判断・表現しながら課題を解決する一連の学習過程において効果的に育成されると考えられるからである」と述べられている。知識及び技能の目標にあたる表１の⑴については、「～に関して理解する」とは、「単に知識を身に付けることではなく（中略）社会における様々な場面で活用できる、概念などに関する知識として獲得していくことをも示している」とある。技能に関して言えば、情報を調べまとめるのは、課題の解決に必要な情報を収集し、課題解決に向けてまとめることである。よって⑶の価値について考えたり気付いたりするような文脈をもった課題で、⑵のような思考・判断・表現が求められる際に、有効な知識・技能として学ばれ、それが評価されることが重要と言える。

表１　中学校社会科の目標

社会的な見方・考え方を働かせ、**課題を追究したり解決したりする活動を通して**、広い視野に立ち、グローバル化する国際社会に主体的に生きる平和で民主的な国家及び社会の形成者に必要な公民としての資質・能力の基礎を次のとおり育成することを目指す。
⑴ 我が国の国土と歴史、現代の政治、経済、国際関係等**に関して理解する**とともに、調査や諸資料から様々な情報を効果的に**調べまとめる技能**を身に付けるようにする。
⑵ 社会的事象の意味や意義、特色や相互の関連を多面的・多角的に考察したり、社会に見られる課題の解決に向けて選択・判断したりする力、思考・判断したことを説明したり、それらを基に議論したりする力を養う。
⑶ 社会的事象について、よりよい社会の実現を視野に課題を主体的に解決しようとする態度を養うとともに、多面的・多角的な考察や深い理解を通して涵養される我が国の国土や歴史に対する愛情、国民主権を担う公民として、自国を愛し、その平和と繁栄を図ることや、他国や他国の文化を尊重することの大切さについての自覚などを深める。

（太字は筆者による）

表２　中学校数学科の目標

数学的な見方・考え方を働かせ、**数学的活動を通し**て、数学的に考える資質・能力を次のとおり育成することを目指す。
⑴ 数量や図形などについての基礎的な**概念や原理・法則などを理解**するとともに、事象を数学化したり、数学的に解釈したり、数学的に表現・処理したりする技能を身に付けるようにする。
⑵ 数学を活用して事象を論理的に考察する力、数量や図形などの性質を見いだし統合的・発展的に考察する力、数学的な表現を用いて事象を簡潔・明瞭・的確に表現する力を養う。
⑶ 数学的活動の楽しさや数学のよさを実感して粘り強く考え、数学を生活や学習に生かそうとする態度、問題解決の過程を振り返って評価・改善しようとする態度を養う。

（太字は筆者による）

中学校数学科の目標（表２）でも、知識・技能を含む資質・能力は「数学的活動を通して」育成することを目指すとされている。⑴の知識・技能にあたる目標の「概念や原理・法則を理解」することは、「数学の知識の裏付けとなり、技能の支えとなる」ものであり、「技能」との関係を含めて、『中学校学習指導要領（平成29年告示）解説 数学編』で表３のように説明されている。

表３　中学校数学科の目標⑴について

概念や原理・法則の理解は、事実的知識の暗記や機械的技能の訓練ではなく、深い学びを実現する上で欠かすことができないものである。例えば、文字を用いた式の計算、方程式を解くことなどの技能を学ぶ際には、**その手続きの基礎に概念や原理・法則があることや、概念や原理・法則をうまく使って数学的な処理の仕方が考え出されることを理解すること**が大切である。（中略）
問題発見・解決の過程において、数学を適切に活用するためには、生きて働く数学的な知識に支えられた技能を習得することが大切である。事象を数学化したり、数学的に解釈したり、数学的に表現・処理したりする技能は、数学的な概念や原理・法則と相互に支え合い、一体的なものとして学ばれるものである。このように、**数学的な技能は、数学をどのように活用するのか、その方法についての理解と一体化したもの**とみなされる。

（太字は筆者による）

「数学的な技能は、数学をどのように活用するのか、その方法についての理解と一体化したもの」であり、数学科の知識・技能は、目標の⑵に述べられているような考察したり表現したりする場面でどのようなときに有効なのかも含めて学ばれていくものであると言える。よって条件づけられた知識・技能として習得されているかどうかを評価することが重要になる。他方で、数学の特性として、その知識・技能そのものを見出す過程も数学的活動として重要であり、その概念や原理・法則がなぜ成り立つのか、概念や原理・法則がいかに技能の正当性を支えているのかを理解しているかどうかを評価することもポイントとなると考えられる。

全国学力・学習状況調査では平成31年度より、教科に関する調査で設けられていたA問題、B問題という区分がなくなった。「1．身に付けておかなければ後の学年等の学習内容に影響を及ぼす内容や、実生活において不可欠であり常に活用できるようになっていることが望ましい知識・技能等」と「2．知識・技能等を実生活の様々な場面に活用する力や、様々な課題解決のための構想を立て実践し評価・改善する力等に関わる内容」とが一体的に問われることとなったのである。1と2を切り分けて問うということには、A問題で問われるような知識・技能が活用の文脈と切り離されて指導されたり、学習者が活用可能性を意識せずに知識・技能を学ぼうとしたりする恐れが伴うと考えられる。新学習指導要領では、どの教科でもそれだけを練習する、覚えたかを確認するだけでは学べない質の知識・技能を目指している。指導と評価の一体化を図り、活用の文脈の中で活用可能な水準の知識・技能が習得されるよう指導・評価していくことが重要だと言える。

3　知識・技能の評価の実践事例

2節までの考え方に基づいた知識・技能の評価の実践事例を紹介する。ここで紹介するのは静岡県牧之原市立相良中学校での宮部真崇教諭（当時）の実践である。

相良中学校では平成29年度より、単元の導入時に単元がどのように進んでいくのか、単元でつけたい力は何かを生徒に示し、見通しを助けるとともに、単元の終わりにこの単元で学んだことを論述したり表現したりして振り返ることのできるポートフォリオを「まなびのあしあと」とし、これを各教科共通の手立てとした校内研修がなされている。

図1は宮部教諭の中学校3年社会科「日本国憲法について考えよう」の「まなびのあしあと」である。この単元は「憲法と“私”の生活はどのようにつながっているのか」を単元を貫く問いとして、日本国憲法の基本原理を、日常生活の場面と関連付けて学ぶよう組まれている。また、単元末には「沖縄基地問題について考えよう」という話し合いの場が設定され、生徒は、歴史的背景や東アジア情勢、沖縄に住む人の思いなどの情報を、本単元で学んだ用語や考え方をよりどころにして、自分の考えを伝える活動に取り組んだ。この単元設計は「まなびのあしあと」を見ることで一覧できるようになっている。つまり生

「日本国憲法について考えよう」まなびのあしあと

①憲法と“私”の生活はどのようにつながっているのか？

(18歳以上の人には選挙権がある＝国の政治に参加)　いろいろな人種の人が同じように生活している＝平等
毎日学校へ通って勉強をしている。＝義務教育
日本では戦争・テロが起きていない＝平和主義

②　国民主権

とは？
政治のあり方を国民が決めるしくみ。
・権力の行使によってもたらされる幸福・利益は国民が受ける。
・憲法改正には最終的に国民投票で過半数の賛成が必要。
などと国民主権が政治に表れている。

象徴天皇制とは？
天皇は日本の象徴である。
天皇には①国会②内閣の指名に基づき①内閣総理大臣②最高裁判所長官を任命する任命権がある。
内閣の助言と承認に基づいて国事行為を行う。
(憲法改正・法律・政令・条約の公布、国会の召集・衆議院の解散、恩赦の認証・栄典の授与　など)

憲法改正について
各議院（衆議院・参議院）の総議員の$\frac{2}{3}$以上の賛成で国会が発議し国民投票で過半数の賛成で改正が成立し天皇が国民の名において公布する。

③〜⑧　基本的人権の尊重

平等権
すべての国民は法の下に平等とされ、等しく生きることを保障する。

自由権
国家のいきすぎた命令や強制から個人の自由を保障する。

社会権
人間らしく生きるための権利
健康で文化的な最低限度の生活を営むことを保障する。生存権や教育を受ける権利、勤労の権利、労働基本権が社会権として保障されている。

時代と共に広がる人権
経済成長や科学技術の発展や情報化によって新しい人権が生まれた。
例（環境権、プライバシーを守る権利、個人情報保護法、知る権利　など）

人権を守るためには
国民の3つの義務を果たし、公共の福祉について考えながら生活する。
人権を守るために、参政権や請願権などが保障されている。

⑨〜⑪　平和主義

歴史的背景
(1950年)朝鮮戦争が起こり、日本を守っていた米軍がその戦争へ参加するためにできた警察予備隊が自衛隊の原点。
警察予備隊が保安隊となり、のちに自衛隊となった。
自衛隊は自衛のためで戦力にはあたらない（政府の考え）

平和主義を実現するために
自衛隊は日本の(＋世界も)平和のために活動している。
災害時に現地の復旧・復興支援なども行っている。
⇒緊急救助活動
他にも、防衛活動やPKO（国際平和協力活動）を行っている。
集団的自衛権を行使できる。

自衛隊について
「自衛隊は戦力にはあたらない」という憲法解釈には賛否が分かれている。

⑫憲法と“私”の生活はどのようにつながっているのか？

憲法によって私たちの人権がいろいろなところで守られていることがわかった。私が教育を受けているのは、（親の）義務であり、社会権で（教育を受ける権利が）保障されているからということがわかった。
また、自分の行きたい高校(進路)を選ぶことができているのは、自由権の精神の自由によって学問の自由が保障されているからであると思った。
主権は私たち国民にあるから、それを生かして、大人になったら積極的に政治に関わっていくことが大切だと思った。
戦争をせず平和に暮らせているのも憲法のおかげだと思った。憲法は私たち生活の基礎となり、私たちを守ってくれているものということがわかった。

人権を守るためには？
私たちの人権を守るために参政権や請願権、請求権などがある。国民の三つの義務（普通教育を受けさせる義務・勤労の義務・納税の義務）を果たすことが人権を守ることにつながる。公共の福祉によって人権が制限されるがそれは周りの人（社会の大多数の人々の利益）のためであるからしかたない。1人1人の人権は尊重されるが、だからといって他人の人権を犯してはならない。

自由権とは？
国民の不断の努力によって保持しなければならないもの。濫用してはならない。
公共の福祉のために利用する。
精神の自由、生命・身体の自由、経済活動の自由を保障している。

社会権とは？
基本的人権の一つであり、人間らしく生きるための権利である。
健康で文化的な最低限度の生活を営む権利（生存権）や、教育を受ける権利、勤労の権利などが保障されている。

時代と共に広がる人権とは？
社会が大きく変化するとともにいろいろな権利が生まれた。
・環境権
・プライバシーを守る権利
・知る権利
・自己決定権　など

生活とのつながり
精神の自由は当然だと思っていたが、憲法で保障されていたので驚いた。
精神の自由があるから、私たちは意見を主張し合えていることがわかった。
自分で職業を選択できたり、住む場所を決められたりするのも自由権で保障されているからできること

生活とのつながり
生活保護を受けている人の中にもいろいろな人がいることがわかった。
生活保護を受けている人というのはあまりいいイメージがなかったが、映像であったように、自立しようと努力している人もいることがわかった。でも会社側の気持ちもわかるから、とても難しい問題である。
生活保護者にもいろいろな人がいるから偏見をもつのもよくないと思う。

生活とのつながり
生前に自分の臓器を移植するかを決められることがわかった。
それは、家族と真剣に考えなければならないと思った。

平等権とは？（残る差別について）
すべての国民は法の下に平等であって、人種、信条、性別、社会的身分又は門地により、政治的、経済的又は社会的関係において差別されない。
特に他よりも不当に低く取り扱ったりはしない。
部落差別やアイヌの人々への差別など、江戸時代から続く差別や、在日外国人や女性・子ども・高齢者などへの差別がある。
病気の感染者や障がい者への偏見も。刑を終えて出所した人への差別もあるためもう一度罪を犯してしまうことも問題だ。

話し合いを通して　大きな会社の中にゆったり仕事ができるような部署（小会社）をつくる。妊娠中の人など誰でもアットホームな感じで！簡単な仕事を行う。（自分たちグループ1番）
保育所の増設、会社に託児所をつくるなども良いと思った。
しかし、どれもお金がかかるので実現するのも大変そうだと思った。（時間がかかる）

この単元でつけてほしい力

- 国民の一人として、現代社会における人権に関する課題について関心をもち、自分なりに考えるきっかけにしてほしい。
- 日本国憲法に基づいて行われている具体的な政治の意義や課題について、様々な視点から考察し、話し合いを通して深めてほしい。
- 日本国憲法の基本原理（国民主権・平和主義・基本的人権の尊重）を国民の一人として、自分の生活とつなげて理解してほしい。

＋α討論　沖縄基地問題について考えよう

歴史的背景と現在
1951年に結んだ日米安全保障条約で日本に米軍基地をつくることを認めている。← 日本を守るために。
現在は東アジアとの紛争を未然に防ぐためなどの理由もある。

沖縄に住む人の思い
騒音の問題や墜落などの事故の危険があるため移転を求めている。
米兵が罪を犯した場合も正当に裁けず悪いことばかりおきてしまうため、移転を求めている。

“私”と基地問題
私たちが平和に暮らせているのは日米安保条約を結んでいて、主に沖縄に日本を守ってくれる米軍の基地があるからである。
また、基地の近くに住む人々の多くの我慢によってでもある。

自分の考え
辺野古移設については反対
・移設はお金がかかるだけ　多くの自然をこわしてしまうことに
・そのお金をいろいろな被害を防ぐように使えば良い。
・現地の人々も反対しているのになぜ移設するのかわからない
沖縄に基地があることについて　そのままで良い
（騒音とか体験したことがないから言えることではあるが…）
なくしたら日本という国がなくなるかも…。デメリットが大きい。
他のところに移設→その住民はもっと怒るはず。慣れてないから。
防音の壁、静かな飛行機の開発をいそぐ。
（本当に沖縄の人々には申し訳ないが今なんとかなっているからそのままでいいのでは）

話し合いを通して
容認側の意見で撤去にはお金がかかるというのがよくわかった。
そのまま基地を置いておけば、日本はずっと安全だと思い込んでいたが、撤去側の人がいっていたように、アメリカ vs 東アジアの国となったとき、東アジアの国に一番近いアメリカ軍基地は沖縄だから、沖縄がまた戦場になってしまうという意見にはとても納得した。公共の福祉を考えると、容認だが、幸福追求権を考えたら撤去すべきだと思った。
自分が基地周辺に住んでいたら、撤去してほしいと考えるだろうが日本全体の安全を考えると容認しざるをえないため、沖縄県の人々は複雑な心境なんだろうと思った。基地の恩恵しか受けていない人から考えると容認が当然だが、それに加え、被害を受けている人からしたら撤去も当然選択肢に入るから、とても難しいと思う。

図１　「まなびのあしあと」の例（中学校３年社会科「日本国憲法について考えよう」）

徒にも単元のはじめから、知識・技能を学ぶ途上においても、それがどのような課題を考える役割を持ち得るのかを見通せる構成となっている。評価の手段として見たときには、図１であれば「自分の考え」や「話し合いを通して」の記述において、特定の課題に対して論理的に思考し自分の考えを表現するという文脈の中で、用語や資料から読み取った情報を適切に利用しているかが知識・技能の評価につながっていく。

図２は宮部教諭の中学校２年社会科「日本の諸地域～中部地方～」の定期試験問題の例である。この単元では、単元を貫く問い「なぜ中部地方の産業は全国的にみて占める割合が高いのか」を、社会的な見方・考え方を働かせて、地理的事象を関連付けて、考察すること、すなわち、産業（農業・工業）を自然環境、他地域との結び付き、歴史的背景等と結び付けて説明できることがねらいとされた。工業に関する授業の中では「なぜ東海地方で工業が発達したのか。立地している場所の地形と関連付けて理由を考えよう」との発問のもと、臨海部、平野という自然条件から理由付けること、特に臨海部で重工業が発達している理由を前単元「世界から見た日本の姿」で既習の加工貿易の知識を使って説明する

設　問

よしこさんは中部地方の工業の特徴を調べるために、資料を集めた。これらの資料を使って、レポートを作成しなさい。

レポート作成上の注意と採点基準
- 解答用紙裏面にレポートを作成する。
- 資料を３点選択し、点線に沿ってはさみで切り、解答用紙にのりで貼る。
- 解決したい疑問と資料の読み取り、まとめの文を載せる。

※資料は適切に読み取れているか。［資料ひとつにつき２点］
※解決したい疑問は適切であり、選択した資料はリンクしているか。［２点］
※３つ資料を関連付けて、まとめの文が書けているか。また、接続詞を適切に使っているか。［４点］

資　料（本書では実際の図表、写真等の画像は割愛）

- 名古屋大都市圏の交通網
- 中京工業地帯・東海工業地域の工業製品出荷額割合
- 関東甲信越の発電所の分布
- 名古屋港の自動車積み出し
- 自動織機から自動車生産へ
- 磐田市のオードバイ工場（静岡県）
- 豊田市の工場で働く人の数の割合
- 世界のメーカー別自動車生産台数
- 中京工業地帯・東海工業地域の工業分布

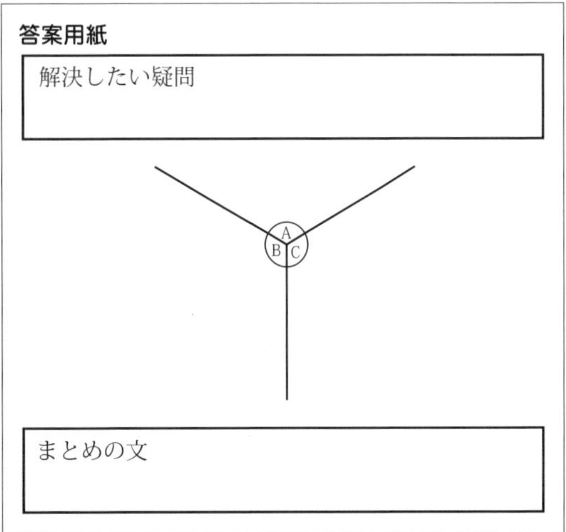

図２　中学校２年社会科「日本の諸地域～中部地方～」の定期試験問題の例

ことが行われた。その上で、臨海部のメリットがない内陸部（中央高地）で工業が発達していることに矛盾を感じさせ、「なぜ、臨海部だけでなく内陸部でも工業が発達しているのか」という問いを立て、資料集の資料を手がかりに、どんな工業が発達しているのかを他地域との結び付きや、自然環境、歴史的背景と結び付け考察するという学習が行われた。図２はその後の定期試験問題の一部である。図２の「よしこさんは中部地方の工業の特徴を調べるために、資料を集めた。これらの資料を使って、レポートを作成しなさい。」という設問は、生徒自ら解決したい疑問を設定し、疑問を解決する上で適切な関連し合う三つの資料を九つの中から選択して思考ツールのＹチャート上に読み取ったことを記述し、三つの資料を関連付けたまとめを記述することを求めるものである。この設問によって三つの資料の読み取り、及び疑問に対する資料の適切さの観点から「技能」の評価が行われ、まとめの適切さから「思考・判断・表現」が評価された。内容としては東海地方の工業の中で学んだ知識をもとに考えることができるが、内陸部の工業で行ったような資料の活用の技能を発揮し、資料を読み取り吟味して適切さを判断しながら疑問を立て、説明するという思考を求める文脈の中でそれらを評価しようとした例と言えるだろう。

4 知識・技能に関する指導と評価の一体化の取組

最後に指導と評価の一体化の視点に立った知識・技能の評価の具体的な取組と単元構成例について紹介する。

表４は静岡県伊東市立対島中学校の遠藤育男教諭による中学２年数学「１次関数」の単元構成である。この実践は、「１次関数の変化の割合の理解」というつまずきの多い内容を他の関数と比較することで促進するというねらいのもと構想された。図３のように凸型にブロックを積み上げるという具体的な事象について、段数に伴う高さ、底辺、周囲の長さ、ブロックの数の変化について、表、グラフ、式に表し、それぞれのきまりを分類することで、変化の割合が一定であ

表４ 単元の構成

時	学習活動
1	**ブロック積み上げの事象の課題に取り組む。**
2	身の回りの中から１次関数を見出す。
3	１次関数の変化の割合について調べる。
4	１次関数のグラフはどのようなグラフになるか調べる。
5	１次関数のグラフと比例のグラフ、変化の割合と傾きの関係を調べる
6	様々な条件で１次関数のグラフをかく。
7	直線のグラフから１次関数の式を求める。
8	様々な条件から１次関数の式を求める。
9	２元１次方程式のグラフを考える。
10	色々な２元１次方程式のグラフについて調べる。
11	１次関数を利用して、具体的な事象を捉え、説明したり、問題を解決したりする。
12	１次関数を利用して、具体的な事象を捉え、説明したり、問題を解決したりする。
13	**第１時の課題に再挑戦。**

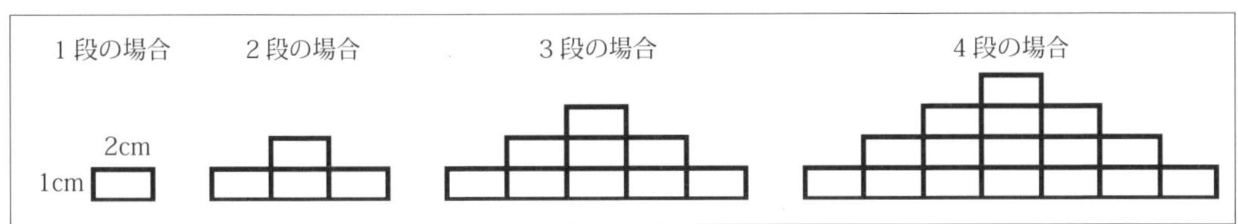

図3　授業で扱われた事象

るもの（比例、１次関数）とそうでないもの（２次関数）があることを見出していく。この実践の特徴はこの同一の学習課題を単元の最初と最後に生徒だけで取り組む点にある。生徒は「『疑問』『わからない』をたくさん出しながら、協力して関数のきまりを見つけよう。『ここまではわかった。ここからがわからない』という発言を大切に。『わからない』でもOK！ただし、疑問があったらどんどん書きましょう」と投げかけられた。単元末には第１時に各自書き込んだワークシートのコピーが配布され、そこに単元の学習を終えた今、わかることを加筆し、最初の自他の疑問に答えたり、なお残る疑問を記したりして、次の関数学習につなぐ。

こうした単元構成は１年「比例と反比例」であれば凸型を階段状の積み上げに変え、段数に伴って変わる高さ、周囲の長さ、頂点の個数、面積に着目する等の工夫で、３年の「２次関数」に至るまで連続的な実践が可能であり、学年を超えて異なる種類の伴って変わる関係についてスパイラルに理解を深めていくことが考えられている。こうした共通のフレームは単元内の変化のみならず、複数の数学担当教員に共有可能な形で３年間にわたる関数の知識・技能の形成的評価を可能にするだろう。もちろん関数以外の領域にも適用可能であり、遠藤教諭は１年「文字式のきまり」において単元はじめの「わからないこと」に基づいて生徒と共に学びを計画し、単元末での解決と新たな問いの創出を実践されている。

今回の評価の改訂は、主体的・対話的で深い学びの観点からの授業改善と一体となった学習評価の充実によって授業に具現化されるものである。３節や４節の実践例からは、こうした学習評価の充実は、学年を超えた単元のつながりや校内研修と連動した取組など、カリキュラム・マネジメントとも関わってくることがわかるだろう。知識・技能の評価が充実しなければ、これらと連動すると想定されている「主体的に学習に取り組む態度」の評価も妥当性のないものとなってしまうだろう。新学習指導要領における「知識・技能」の趣旨が的確に理解され、指導と評価の一体化の観点からの充実した評価の取組が展開されることが期待される。

●参考文献

Bereiter, C. 2002, *Education and mind in the knowledge age*. Hillsdale, NJ: Lawrence Erlbaum Associates.

第6章

「思考・判断・表現」の捉えと評価

第６章 「思考・判断・表現」の捉えと評価

神 原 一 之

1 評価の観点「思考・判断・表現」の捉え方

2016（平成28）年中央教育審議会「幼稚園、小学校、中学校、高等学校及び特別支援学校の学習指導要領等の改善及び必要な方策等について（答申）」（以下「答申」）は、「育成を目指す資質・能力」として、「知識及び技能」「思考力、判断力、表現力等」「学びに向かう力、人間性等」の三つの柱に整理した。「答申」を受けた2017（平成29）年告示の学習指導要領においては、知識及び技能の習得と思考力、判断力、表現力等の育成がバランスよく実現できることを重視している。そして、この解説総則編（p.37）には、「『思考力、判断力、表現力等』を発揮することを通して、深い理解を伴う知識が習得され、それにより更に『思考力、判断力、表現力等』も高まるという相互の関係にあるものである」と説明されている。

2008（平成20）年告示の学習指導要領においては、「思考力、判断力、表現力等」は知識・技能を活用し表現する力であり、その評価方法は言語活動等を通じて行うものとされていた。これと比較すると、「答申」の「思考力、判断力、表現力等」は、知識・技能の活用にとどまらず、この能力を発揮することによって、より深い理解が伴う知識が習得される。つまり、知識・技能から思考力・判断力・表現力に向けた一方向的なベクトルではなく、双方向のベクトルが働くような資質・能力として、質的な深まりが付加された思考力・判断力・表現力として捉え直すことができる。

そして、2019（平成31）年中央教育審議会初等中等教育分科会教育課程部会「児童生徒の学習評価の在り方について（報告）」（以下「報告」）において、学習評価の基本的な枠組みと改善の方向性が示された。「観点別評価については、目標に準拠した評価の実質化や、教科・校種を超えた共通理解に基づく組織的な取組を促す観点から、小・中・高等学校の各教科を通じて、『知識・技能』『思考・判断・表現』『主体的に取り組む態度』の３観点に整理することとし、指導要録の様式を改善することが必要」とされた。これまで４

観点あった観点別評価を３観点にまとめることで、学力の３要素との対応が明確になり、学習指導要領の目標との整合性が図られることになった。「報告」において「思考・判断・表現」は「各教科等の知識及び技能を活用して課題を解決する等のために必要な思考力、判断力、表現力等を身に付けているかどうかを評価するもの」（p.8）とされた。

2010（平成22）年５月11日付け22文科初第１号「小学校、中学校、高等学校及び特別支援学校等における児童生徒の学習評価及び指導要録の改善等について（通知）」においては、「思考・判断・表現」は各教科の内容等に即して思考・判断したことを評価するとされていた。これと比較すると「報告」では、内容ベースから資質・能力ベースへの質的な転換を図ろうとしていること、教科や校種を超えてこれらの資質・能力の形成を目指すことなどが読み取れる。また「報告」で観点から「理解」という表現が消えたことは「理解」を評価しないことを意味するわけではない。「理解」の質レベルに注目して「知識・技能」と「思考・判断・表現」に再整理され、「思考・判断・表現」は質の高い洗練された「理解」を内包した評価の観点と考えられる。

2 教科等の目標から読む「思考・判断・表現」の評価のポイント

ここでは、『小学校学習指導要領（平成29年告示）解説』『中学校学習指導要領（平成29年告示）解説』『高等学校学習指導要領（平成30年告示）解説』をもとに、小学校算数科と中学校技術・家庭科（家庭分野）、高等学校芸術科（音楽Ⅰ）の三つの異なる校種の科目を採り上げて「思考・判断・表現」の評価のポイントについて考える。

新学習指導要領では各教科の目標の表示形式が統一された。冒頭に総括的な目標が示され、それに続いて三つの資質・能力に関する目標が示されている。

（1）小学校「算数科」

小学校算数科の目標は、以下のとおりである。

> 数学的な見方・考え方を働かせ、数学的活動を通して、数学的に考える資質・能力を次の通り育成することを目指す。
> ⑴　数量や図形などについての基礎的・基本的な概念や性質などを理解するとともに、日常の事象を数理的に処理する技能を身に付けるようにする。
> ⑵　基礎的・基本的な数量や図形の性質などを見いだし統合的・発展的に考察する力、数学的な表現を用いて事象を簡潔・明瞭・的確に表したり目的に応じて柔軟

に表したりする力を養う。

⑶ 数学的活動の楽しさや数学のよさに気付き、学習を振り返ってよりよく問題解決しようとする態度、算数で学んだことを生活や学習に活用しようとする態度を養う。

⑵が算数科の「思考力、判断力、表現力等」に該当する。基礎的・基本的な数量や図形の性質などを見いだし統合的・発展的に考察する力とは、異なる複数の事柄をある観点から捉え、それらに共通点を見いだして一つのものとして捉え直したり、ものごとを固定的なもの、確定的なものと考えず、絶えず考察の範囲を広げていくことで新しい知識や理解を得ようとしたりする力である。数学的な表現を用いて事象を簡潔・明瞭・的確に表したり目的に応じて柔軟に表したりする力とは、事象を数理的に考察する過程で、観察したり見いだしたりした数量や図形の性質などを的確に表したり、考察の結果や判断などについて根拠を明らかにして筋道を立てて説明したり、既習の算数を活用する手順を順序よく的確に説明したりする力である。

すなわち、「思考・判断・表現」はこれらの能力を評価する。そして、「数学的な見方・考え方を働かせ、数学的活動を通した」授業づくりが評価の前提にあることが重要なポイントである。

（2）中学校「技術・家庭科（家庭分野）」

中学校技術・家庭科（家庭分野）の目標は以下のとおりである。

生活の営みに係る見方・考え方を働かせ、衣食住などに関する実践的・体験的な活動を通して、よりよい生活の実現に向けて、生活を工夫し創造する資質・能力を次のとおり育成することを目指す。

⑴ 家族・家庭の機能について理解を深め、家族・家庭、衣食住、消費や環境などについて、生活の自立に必要な基礎的な理解を図るとともに、それらに係る技能を身に付けるようにする。

⑵ 家族・家庭や地域における生活の中から問題を見いだして課題を設定し、解決策を構想し、実践を評価・改善し、考察したことを論理的に表現するなど、これからの生活を展望して課題を解決する力を養う。

⑶ 自分と家族、家庭生活と地域との関わりを考え、家族や地域の人々と協働し、よりよい生活の実現に向けて、生活を工夫し創造しようとする実践的な態度を養う。

⑵が家庭分野の「思考力、判断力、表現力等」に該当する。家族・家庭や地域における

生活の中から問題を見いだして課題を設定しとは、既習の知識及び技能や生活経験を基に家族・家庭や地域における生活を見つめることを通して、問題を見いだし、解決すべき課題を設定する力を育成することについて示したものである。解決策を構想しとは、解決の見通しをもって計画を立てることを通して、生活課題について多角的に捉え、解決方法を検討し、計画、立案する力を育成することについて示したものである。その際、他者からの意見等を踏まえて、計画を評価・改善し、最善の方法を判断・決定できるようにする。実践を評価・改善し、考察したことを論理的に表現するとは、調理や製作等の実習や、調査、交流活動等を通して、課題の解決に向けて実践したことを振り返り、考察したことを発表し合い、他者からの意見を踏まえて改善策を検討するなど、実践活動を評価・改善する力を育成することについて示したものである。その際、考察したことを根拠や理由を明確にして筋道を立てて説明したり、発表したりすることができるようにする。これからの生活を展望して課題を解決するとは、将来にわたって自立した生活を営む見通しを持ち、よりよい生活の実現に向けて、身近な生活の課題を主体的に捉え、具体的な実践を通して、課題の解決を目指すことを意図している。

すなわち、「思考・判断・表現」は問題解決活動過程で働くと考えられる能力を評価する。そして、「生活の営みに係る見方・考え方を働かせ、衣食住などに関する実践的・体験的な活動を通した」授業づくりが評価の前提にあることが重要なポイントである。

(3) 高等学校「芸術科（音楽Ⅰ)」

高等学校芸術科（音楽Ⅰ）の目標は以下のとおりである。

> 音楽の幅広い活動を通して、音楽的な見方・考え方を働かせ、生活や社会の中の音や音楽、音楽文化と幅広く関わる資質・能力を次のとおり育成することを目指す。
> ⑴　曲想と音楽の構造や文化的・歴史的背景などとの関わり及び音楽の多様性について理解するとともに、創意工夫を生かした音楽表現をするために必要な技能を身に付けるようにする。
> ⑵　自己のイメージをもって音楽表現を創意工夫することや、音楽を評価しながらよさや美しさを自ら味わって聴くことができるようにする。
> ⑶　主体的・協働的に音楽の幅広い活動に取り組み、生涯にわたり音楽を愛好する心情を育むとともに、感性を高め、音楽文化に親しみ、音楽によって生活や社会を明るく豊かなものにしていく態度を養う。

⑵が音楽Ⅰの「思考力、判断力、表現力等」に該当する。自己のイメージをもって音楽表現を創意工夫することとは、音や音楽に対する自己のイメージを膨らませたり他者のイメージに共感したりして、音楽を形づくっている要素の働かせ方などを試行錯誤しなが

ら、表したい音楽表現について考え、どのように音楽で表現するかについて表現意図を持つことである。また、表現意図は、創意工夫の過程において、知識や技能を得たり生かしたりしながら、さらに深まった新たな表現意図となったりする。音楽を評価しながらよさや美しさを自ら味わって聴くとは、曲想を感じ取りながら、音や音楽によって喚起された自己のイメージや感情を、音楽の構造や文化的・歴史的な背景などと関わらせて捉え直し、その音楽の意味や価値などについて評価しながら聴くことである。

すなわち、「思考・判断・表現」は表現活動や鑑賞活動過程で働くと考えられる能力を評価する。そしてこれらの評価は、「音楽の幅広い活動を通して、音楽的な見方・考え方を働かせた」授業づくりが前提にあることが重要なポイントである。

（4）抽出した３教科の目標から見た「思考・判断・表現」の評価のポイント

それぞれの教科における「思考力・判断力・表現力等」に該当する目標は、すべて目標⑵に記述されており、思考・判断・表現の三つの過程（「課題を把握して、一人一人が自力解決をして、協働で協議して、それをまとめていく過程」）に対応した表現になっている。つまり「思考・判断・表現」は、各教科独自の見方・考え方を働かせたこのような活動を伴う授業づくりが前提で評価されるものである。つまり、見方・考え方を働かせた学びがないところでいくら「思考・判断・表現」を評価しようとしても評価することはできない。教科や校種という枠組みを超えて、それぞれの科目の特性を生かしつつ、活動を展開し、小・中・高の系統的な学びの中で長期的な視野に立ち、「思考力・判断力・表現力等」の形成を評価していく立ち位置に自分自身を置くことが教師に求められよう。

3　「思考・判断・表現」の評価の取り組み方

「思考・判断・表現」を評価する際も１単位時間に行う形成的評価と単元や年度末に行う総括的評価を分けて捉えて取り組むことが肝腎だろう。

１時間の授業の中で行うことは総括的評価の材料づくりではなく、子どもたちの反応を観察し、形成を目指した学習改善、授業改善に評価を生かす形成的評価である。

例えば、小学校算数科において、「基礎的・基本的な数量や図形の性質などを見いだし統合的・発展的に考察する力」の形成を意図した台形の面積の求積方法を考える場面を想定してみよう。等積変形や倍積変形[1]等を用いて既習事項の長方形や三角形の面積に帰着させるアイデアをいろいろと児童は考えている。どの子がどんなアイデアを持っているのか机間指導しながら把握しつつ、行き詰まっている児童には「これまで学習したことは使えないかな？ 三角形の面積の学習を思い出してごらん」と既習事項を想起させたり、図で表現している児童には「その考えを式にできるかな？」と方向を示したり、式に既に表現している児童には「さらに簡潔に表現できるかな？ 別のアイデアはあるかな？」と促したり、複数の表現をしている児童には「共通して言えることはないかな？」とさらに高い次元への思考を促したりすることがあるだろう。もちろんこのような教師の指導言は個別の指導場面だけではなく、クラス全体での練り上げの場面でも行われる。授業過程における子どもたちの活動を観察して子どもの状況を把握し、子どもたちの学びを進展させたり、改善させたり、学びの方法をつかませたりする。その時々の教師の指導言は必ずしも適切とは限らず、省察しつつ次の指導に生かしていく。このような「思考・判断・表現」の形成的評価において、クラス全員を常に見取ることよりも、思考を深めていく授業の流れを大切にすることが重要であろう。このような子どもの理解の把握と指導言が「思考・判断・表現」の形成的評価の例である。評価用紙にいちいち記録（データ）を集めていくこととは違う。

「思考力・判断力・表現力等」は、「基礎的・基本的な知識・技能」を獲得することと比較すれば多くの学びの場を必要とする。そしていわゆる見えにくい学力であるため、単純に○×で評価できるようなものではなく、洗練度のような質的な評価が要求される。総括的評価においては「思考・判断・表現」を確かな根拠をもって評価できる多様な評価が求められる。「答申」において「資質・能力のバランスのとれた学習評価を行っていくためには、指導と評価の一体化を図る中で、論述やレポートの作成、発表、グループでの話合い、作品の制作等といった多様な活動に取り組ませるパフォーマンス評価などを取り入れ、ペーパーテストの結果にとどまらない、多面的・多角的な評価を行っていくことが必要である」とされている。これを受けた「報告」においては、観点「思考・判断・表現」の具体的な評価方法として、「ペーパーテストのみならず、論述やレポートの作成、発表、グループでの話合い、作品の制作や表現等の多様な活動を取り入れたり、それらを集めたポートフォリオを活用したりするなど評価方法を工夫することが考えられる」が示された。

現状では、これらの多様な評価方法を年度当初や単元はじめなどに検討したり、学年や教科担任で共有したりすることができていないことが少なくないのではないだろうか。年度はじめに学校として総括的評価の実施方法を検討し、実際の評価課題として具体化することが重要である。指導と評価の一体化が主張されて久しいが、改めてこの点に留意する必要があるだろう。

「思考・判断・表現」の評価の具体事例

ここでは、中学校数学第３年「２次方程式」を例に授業の中にパフォーマンス課題を位置付けた単元設計と「思考・判断・表現」の評価の具体事例を紹介する。

単元が始まる前に、「２次方程式」の単元目標（「２次方程式について理解し、それを用いて考察できるようにする」）を確認し、目標が達成された具体的な生徒の姿に対応する課題としてパフォーマンス課題を位置付けて作成した（図１）。

あなたは宅地開発のプランナーです。この度、新しく住宅地を造営することになりました。この住宅地は、縦60m横80mの長方形の形をしています。この住宅地を、下の図のように全15区画に分け、販売します。各区画は、どこも同じ幅の道に面してどの方角からも車の出し入れができるようにゆったりとした設計になっています。この住宅地の面積の７/12が道路の面積です。あなたはプランナーとして、道路の工事を業者に委託しなければなりません。道の幅は何mにすればいいのか、明確な説明（計算）をつけて答える必要があります。Ａ４判報告書１枚に記述してください。

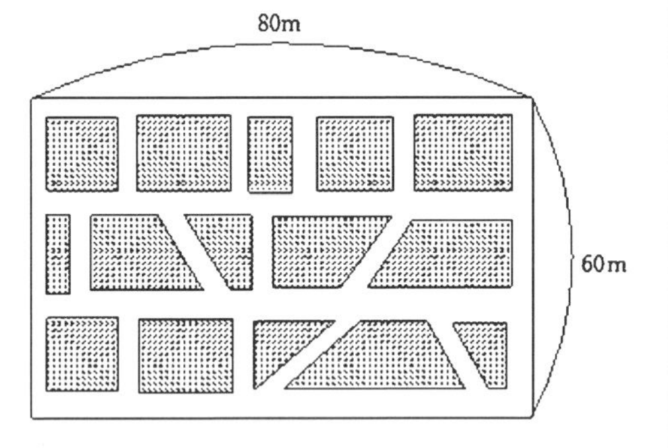

図１　パフォーマンス課題例（神原2016）

パフォーマンス課題には、課題に取り組む必然性が実感できるように、学習者の役割、パフォーマンスを示す相手、条件などを示した。合わせて、パフォーマンスの質を評価する予備ルーブリック（表１）を準備する。予備ルーブリックを作成しておくことで指導の視点が明確になる。この時点でのルーブリックは、あくまでも原案としての意味合いを持ち、後に再検討するものである。

単元のはじめに、「思考・判断・表現」の学習対象の一つであり、学習目標でもあるパフォーマンス課題を生徒に提示する。ここでは予備ルーブリックは提示せず、より一般的なルーブリック（表２）を授業開きや単元はじめに提示しておく。なぜなら、予備ルーブリックを単元はじめに示してしまうと解法を制限してしまうことにつながるからである。一般的なルーブリックを示すことで数学の問題解決における一般的な指針を示すことができ、繰り返し学習する中で、ルーブリックに示す思考力・判断力・表現力を身に付けさせることが可能になる。そして、実際にパフォーマンス課題に取り組ませて、現在の認知の状況を生徒に確認させるとともに、教師はレディネスを把握する。課題を共有した後は、単元指導計画に沿って、授業を展開し形成的評価を実施していく。

単元の終末には、パフォーマンス課題に個人で取り組ませた後、作品（答案）を回収し、

表1　予備ルーブリック（神原2006）

尺度＼観点	数学的な推論	モデル化
4　大変よい	道幅を定義した上で、過不足なく明快な説明の中に、２次方程式を位置づけ、利用しながら適切な解を求めることができ、解の吟味を事象に当てはめ適切に行うことができている。	解決しやすい図形に変形して問題場面を単純化、理想化して正しく式を立式できている。
3　よい	道幅を定義することはできていないが、２次方程式を利用しながら適切な解を求めることができ、解の吟味を行っている。	単純化や理想化の説明はないが、正しく式を立式できている。
2　不十分なところがある	２次方程式を利用しながら考えられ得る適切な解を求めることができているが、解の吟味を行っていない。	図を変形して思考する表現や２次方程式を立式しようとする表現は見られるが、正しく表現できていない。
1　課題が多くある	問題解決に至らない方法で取り組んでいたり、何も記述できていなかったりする。	問題解決に至らない方法で取り組んでいたり、何も記述できていなかったりする。

表2　一般ルーブリック（神原2006）

尺度＼観点	問題解決
4　大変よい	有効な方法を選択して、過不足なく明快な説明の中に、数学的な表現を用いて効率的に求めることができる。
3　よい	正しい方略を用いて、適切な解を求める計画を立てることができ、数学的な表現を用いて解決することができる。
2　不十分なところがある	部分的に正しい方略を選ぶことができている。もしくは課題の一部のみ正しい方略が選ばれている。
1　課題が多くある	問題解決に至らない方法で取り組んでいたり、何も記述できていなかったりする。

グループ（４人程度）で採点をさせる。採点をする作品が誰の作品かわからないようにした上で、一人一人採点結果を付箋に書き作品の裏に貼り、採点結果が他の採点者にわからないようにする。この際、枠と評定尺度（４：大変よい、３：よい、２：不十分なところがある、１：課題が多くある）のみを与えて同じ点数の作品の特徴を記述して指標を作成していく方法もあるし、あらかじめ教師が作成したルーブリックに従って採点していく方法もある。どちらにしろ、グループ内で採点がずれた作品について協議し、納得できる採点にすることがポイントである。生徒たちにここで考えさせたいのは、その作品が何点かということよりもなぜ何点と判断するのかということである。

このような話し合いによる作品検討会は、ルーブリックの妥当性を高めていくだけではなく、よりよい問題解決の方法を学ぶ場面であり、生徒の自己評価力を高める機会となる。教師は、評価結果を検討した上で総括的評価の一つとして整理し、これを分析することで指導の改善に活かしていく。

●注

1　倍積変形による求積とは二つの合同な図形で既習の図形をつくり面積を求めること。

●参考文献

神原一之「第３章　アクティブ・ラーニングを位置づけた中学校数学科の授業の評価」江森英世編『アクティブ・ラーニングを位置づけた中学校数学科の授業プラン』明治図書出版、2016年、pp.126-128

文部科学省「小学校、中学校、高等学校及び特別支援学校等における児童生徒の学習評価及び指導要録の改善等について（通知）」（22文科初第１号）2010年

文部科学省「小学校、中学校、高等学校及び特別支援学校等における児童生徒の学習評価及び指導要録の改善等について（通知）」（30文科初第1845号）2019年

中央教育審議会「幼稚園、小学校、中学校、高等学校及び特別支援学校の学習指導要領等の改善及び必要な方策等について（答申）」2016年

中央教育審議会初等中等教育分科会教育課程部会「児童生徒の学習評価の在り方について（報告）」2019年

第7章

「主体的に学習に取り組む態度」の捉えと評価

第７章 「主体的に学習に取り組む態度」の捉えと評価

川地亜弥子

1 「主体的に学習に取り組む態度」とは
──「関心・意欲・態度」の評価における誤解を乗り越えるために──

（１）新しい時代に必要となる資質・能力の育成と「主体的に学習に取り組む態度」の評価

今回の学習指導要領では、「新しい時代に必要となる資質・能力の育成と、学習評価の充実」を目指し、その目標や内容を「生きて働く知識・技能の習得」「未知の状況にも対応できる思考力・判断力・表現力等の育成」「学びを人生や社会に生かそうとする学びに向かう力・人間性等の涵養」と整理している。

資質・能力の育成が学校教育の目標として語られる以上、学校教育を通じて育成可能なものについての話であると理解する必要がある。特に「資質」の語については、一般的に「うまれつきの性質や才能。資性。天性」（広辞苑第６版）と解されることもあるが、学習指導要領前文では、「必要な学習内容をどのように学び、どのような資質・能力を身に付けられるようにするのか」「児童が学ぶことの意義を実感できる環境を整え、一人一人の資質・能力を伸ばせるようにしていく」と記述されているように、学習内容の吟味、学習方法、環境の整備などを行った上でその育成を図るものとして描かれている。もし、子どもがもともと持っているものを評価するに留まるのであれば、新しい時代に必要となるものを学校教育が子どもたちに育て得ているのかという教育評価の一部としての学習評価になり得ず、不適切である。「児童生徒の学習評価の在り方について（報告）」（以下「報告」）において、学習評価の改善のために、「①児童生徒の学習改善につながるものとすること」「②教師の指導改善につながるものとすること」と明記されていることを想起したい。

(2)「学びに向かう力、人間性等」のすべてを観点別評価の対象とするわけではない

さて、「報告」における図1「各教科における評価の基本構造」(「報告」p.6、本書p.24掲載)に基づくと、「学びに向かう力、人間性等」に関する目標に照らして示された学習状況評価の観点が、「主体的に学習に取り組む態度」である。なお、「学びに向かう力、人間性等」には含まれるものの観点別学習状況の評価や評定にはふさわしくないものがあることは明示されており、図1では「感性、思いやり」などが挙がっている。これらは「個人内評価」へと矢印がつながっており、「個人内評価」は、「児童生徒の一人一人のよい点や可能性、進歩の状況について評価するもの」と記されている。

ここで改めて強調しておきたいのは、これは「各教科における評価の基本構造」を示しており、「学習指導要領に示す各教科の目標や内容に照らして学習状況を評価するもの(目標準拠評価)」と明記されていることである。主体的に学習に取り組む態度についても、各教科における目標との関係で評価していくこととなる。この場合、例えば中学校の保健体育の体育分野では「公正、協力、責任、共生」が記されており、「行動の記録」の項目との関係が問われるが、これも保健体育の目標・内容に基づいて評価を考えることとなる。

(3) 長期的・発達的に捉え、子どもの学びに向かう力に資する評価に

態度の育成は、教育評価の理論においては情意目標として分類され、その伸びについては、毎時間捉えることは難しく、長期的(毎時ではなく、一つの単元もしくはそれ以上)かつ発達的に理解する必要がある。こうした点への配慮が十分でなかったため、「挙手の回数」や「毎時間ノートをとっているか」などのチェックが「関心・意欲・態度」の評価で用いられてきたことが推察される。この方法では、一つの考え、一つの筋道で納得してパッと取り組む子どもは評価されやすく、深く考えていて挙手しなかったり、授業に深く入り込んでいてノートをほとんどとれなかったりという子どもたち、つまり、別の視点や状況からの考えを考慮に入れて考えているからこそ端的に表現することが難しいと感じる子どもたちは、評価されないということになってしまう。

今回の「主体的に学習に取り組む態度」の評価では、上述のような挙手の回数や毎時ノートで評価する等の方法ははっきりと否定されている。では、いかにして態度が評価可能となるのか。また態度の評価が子どもたちの「学びに向かう力、人間性等」の育成に資することになり得るのか。これらを研究していくことが課題となる。石井英真は、「態度主義」(知識の伝達よりも主体性、意欲を育てる方が重要)が、子どものつまずきの原因を子どもの心構えに求めることにつながる危険性を指摘している(西岡他 2015所収、p.85)。

今次の改訂の趣旨をふまえ、態度主義に陥らぬような評価の研究が求められる。

（４）「知識・技能」や「思考・判断・表現」の観点の状況をふまえた評価に

今回の学習評価では、「知識・技能」や「思考・判断・表現」の観点の状況をふまえた上で、「主体的に学習に取り組む態度」を評価する必要があることが述べられている。ここからは、態度主義の評価を回避するねらいを見てとることができる。あくまで、その他の観点の状況をふまえた評価が求められるのである。こうして見ると、「主体的に学習に取り組む態度」の観点で評価を（しかも３段階評価を）行う必要があるのか、という疑問も生じる。少なくとも、３観点の内の一つだからといって、３観点を１：１：１の比重と考えて、「総和」をもとに評定を考えることは乱暴である（なお、そもそも、三つの観点別評価を「足す」ことで教科全体の評定が算出できるのであれば、観点別評価のみでよいはずであり、教科の評定欄は不要である。この点は、今回の報告での残された課題であると言える）。

「報告」には、「例えば、知識・技能や思考・判断・表現の観点が十分満足できるものであれば、基本的には、学習の調整も適切に行われていると考えられることから、指導や評価に際して、かえって個々人の学習の進め方（学習方略）を損なうことがないように留意すべきである」とも記されている。これは、教科やその他の領域の学びにおいて、学ぶ内容と関係なく特定の学習の調整の仕方を教えたり使わせようとしたりすると、かえって子どもたちの学習方略が損なわれる危険性があることを示している。態度の評価の難しさを自覚しながら、子どもたちの「学びに向かう力」を豊かにする評価が求められる。

2 粘り強く学習に取り組む態度と自ら学習を調整しようとする態度 ――「主体的に学習に取り組む態度」の２側面――

（１）試行錯誤を認める

「主体的に学習に取り組む態度」の評価は、従前の「関心・意欲・態度」の評価における「よりよく学ぼうとする意欲をもって学習に取り組む態度」の評価という趣旨を強調するものだと記されている。「自らの学習状況を把握し、学習の進め方について試行錯誤するなど自らの学習を調整しながら、学ぼうとしているかどうかという意思的な側面を評価することが重要である」と明記されている。

ここで重要なのは、自ら学習を調整することを評価すること、その際の試行錯誤も認めることを示している点である。試行錯誤というのは、やみくもに何度もやることではなく、自らの働きかけの効果を評価し、もっとよい方法はないか考えたり、他の道具を使ったり、もしくは、今の方法で本当によかったのか（偶然うまくいっただけではないか）と考えもう一度行ってみたりしながら、自ら立てた目標と得られた成果との間を行き来することである。また、そのプロセスや結果をよりわかりやすく表現しようとする際にも起こるもので、「思考・判断・表現」との関係が深いものである。

（2）粘り強い取組と自らの学習を調整しようとする側面

「主体的な学習に取り組む態度」は、「①粘り強い取組を行おうとしている側面」「②①の粘り強い取組の中で、自らの学習を調整しようとする側面」の２側面を評価することが求められている。①と②は、教科の学びの中では相互に関わり合いながら現れることも示されており、①と②の評価が乖離する姿は「一般的でない」こと、実際の評価の場面では、二つの側面を一体的に見とることも想定される、と示されている。

○　「主体的に学習に取り組む態度」の評価については、①知識及び技能を獲得したり、思考力、判断力、表現力等を身に付けたりすることに向けた粘り強い取組を行おうとする側面と、②①の粘り強い取組を行う中で、自らの学習を調整しようとする側面、という二つの側面を評価することが求められる。

○　これら①②の姿は実際の教科等の学びの中では別々ではなく相互に関わり合いながら立ち現れるものと考えられる。例えば、自らの学習を全く調整しようとせず粘り強く取り組み続ける姿や、粘り強さが全くない中で自らの学習を調整する姿は一般的ではない。

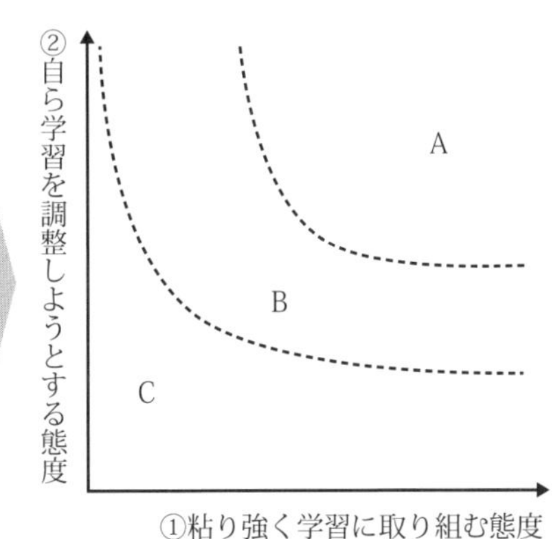

図１　「主体的に学習に取り組む態度」の評価のイメージ（「報告」p.12）

指導が不十分な中で、粘り強さを評価するような状況では、①と②が乖離することはあり得るだろう。上の図１（「報告」の図２）においても、①の程度は高くとも、②は十分でなくCとなっている領域は比較的広く描かれている。具体的な学習者の姿としては、わからないまま何度も課題に取り組んでいる場合や、粘り強く取り組んでいるように見えるのだが試行錯誤を含めた調整ができていない（どう調整すればいいかという手がかりを得ていない）、という場合である。粘り強さだけが取り出して評価される場合、こうした姿が誘発される恐れもある（例えば、家庭学習のノートのページ数だけで評価する、毎日やっているかどうかだけで評価する、という場合などである）。

こうした点からもわかるように、態度の評価は、学習の評価というよりも指導に対する評価、指導に生かすべき評価としての側面を強く持っている。粘り強く、自己調整を行う学習が起こっているかどうかを評価するときに、忘れてはならないのが、そのような学習が起きるような指導をしたかということである。

（3）学習者にとって意味深さがある授業
――学校での学習に入りにくい子どもたちへのまなざし――

学びに向かう力、人間性等を育てるためには、主体性だけでなく、他者とともに、深く学ぶ点にも注意を向ける必要がある。特に、「深さ」について、松下佳代は「他者と関わりながら、対象世界を深く学び、これまでの知識や経験と結び付けると同時に これからの人生につなげていけるような学習」（松下他 2015、p.i）と示している。

こうした「深さ」は、教科内容に関わる深さだけでなく、個人的な意味深さにも通じている必要がある。とりわけ、毎日やっと学校に来ている状況にある子どもたち、他者との関わりに不安を感じている子どもたちにとって、自分にとっての意味を感じられず、活躍の場面もない授業では、主体的に学習に取り組もうという気持ちになりにくい。子どもの学びに向かう力に注目し、主体的に学ぼうとする態度を評価することが、不安が大きい子どもたちをさらに追い詰めていくことにならないよう、指導の工夫が求められる。その単元における教科内容の系統性という点で十分に深さを追求できるかという点に加え、子どもたち一人一人にとって、とりわけ授業を受けることに困難さがある子どもにとって、やってみたい、と思えるような授業であるかどうかが重要である。言い換えれば、学習の入り口では一見やる気がないように見える子どもであっても、授業の中で、意味を見出し、学習に向かうことができるようなしかけや工夫が求められるのである。そうした授業の積み重ねの中で、子どもたちに培われた「主体的に学習に取り組む態度」を評価するのである。

もちろん、家庭に居場所がない、過度な家事負担等がある（ヤングケアラー等）、虐待が疑われる等のケースの場合には、授業だけで子どもたちの学びに向かう力を引き出すことは難しいこともあるだろう。こうした場合でも、学校外の対応だけでなく、学校内、とりわけ授業で自分の居場所があると感じられるような取組が求められる。

「主体的に学習に取り組む態度」の育成は、自分の小さな疑問や問題意識に基づいてじっくり考えたり、それをつぶやいたりしたときに、しっかり受けとめ響き合うような教室文化の育成と密接な関わりがある。学力だけでなく居場所の形成も重視し、その関係について自覚的に研究していく取組（沖縄八重山学びのゆいまーる研究会 2018等）の知見を積み重ね、生かしていく必要があるだろう。子どもの自由な言語表現（例えば、日記や生活作文など、勝村謙司・宮崎亮 2018等参照）を、子どもたちと共有し、深めていくことも、子どもたちの学びに向かう力や教室文化・学校文化を育成する上で重要である。

3 学習の自己調整を促す指導と評価

(1) 自己調整学習と「主体的に学習に取り組む態度」

今回の報告では「自らの学習を調整する」ことが記されたため、自己調整学習に注目が集まっている。自己調整学習（self-regulated learning）については教育心理学・学習科学を中心に知見が積み重ねられてきており、例えば、「授業中の課題や宿題というかたちで、単に他者から与えられたものとして学習に取り組むのではなく、学習内容を自分事として考え、積極的に意味づけながら取り組むような学習のあり方」、と説明される（自己調整学習研究会 2016、p.3）。

今回の「報告」では「児童自ら目標を立てるなど学習を調整する姿が顕著にみられるようになるのは、一般的に抽象的な思考力が高まる小学校高学年以降からであるとの指摘」に触れており、学習を調整することの中でも特に児童自らが目標を立てるということを具体的に挙げている。これは、先の自己調整学習の説明にもあるように、誰かに与えられた学習ではなく、自分がこうしようと目標を立てて取り組む、子ども自身にとって意味のあるプロセスにおける調整を想定していると捉えることができる。

なお、こうした調整は、言語能力、情報活用力や問題発見・解決能力などの教科横断的な視点で育成を目指すものとの関連も深い。ただし、教科横断的な視点で育成するものであっても、各教科における３観点の評価に反映することとされており、「主体的に学習に取り組む態度」における自己調整も、あくまで各教科の指導と結び付けて理解していくことが重要であろう。

(2) 子どもたちの発達をふまえた柔軟な評価

自己調整については、子どもたちの発達をふまえた柔軟な評価が求められている。小学校低学年・中学年においては、「学習の目標を『めあて』などの形で適切に提示し」とあり、子どもたち自身が学習の目標を立てることが難しい場合には教師の目標提示を位置付けることも示されている。これは、逆に言えば、高学年以降では目標を児童自らが立てることを自己調整の中でも重視しているということであり、こうした筋道をふまえれば、子ども自身が学習において目標を立てられるように指導していく必要がある。

なお、低学年や中学年において教師の側からめあてを提示する際に、目標が子どもたちにとって意味深く、魅力的なものでないと、活動がどんどんずれてしまうことにもつながる。ずれたときにめあてを再度確認する、ということも重要だが、そもそも子どもたちにとって意味深く、やってみたいと思えるめあてを提示することが求められる。当然のことながら、これらのめあては、机に座って取り組むものとは限らない。例えば、生活科において、学級の仲間と共に自ら自然に働きかけ、生き物を教室に持ち込んできたときに、水槽の中をどのような環境にすればよいのか、様々なものを出し入れし、試行錯誤しながら整えていくことがあるだろう。水槽の中を変化させることそのものがおもしろくて、時には目標からずれたように見える遊びになることもあるだろうが、そのことを叱るのではなく、どのように試行錯誤しているのか、そこを丁寧に読み取っていくことが重要になる。

急いで付け加えておくと、子どもたちの行動をずっと見続けて評価しないといけないわけではない。子どもと一緒に水槽内の環境を整えながら話をし、行動から見取っていくこともあれば、その後、水槽内の環境が変わったときに子どもに尋ねてみる、ということもある。長い取組の中で、子どもたちがどのように試行錯誤し、変えていったのか（もしくは維持していったのか）、子どもと共にそのプロセスを味わいながら指導と評価を行っていくことが求められる。自分たちが作り出した環境（上記の例では水槽）そのものから、自分たちの学びを振り返る取組は、文章や絵で自分たちの活動を記録することが十分にできない子どもたちにも参加でき、また、活動を思い出す手がかりもその中にある。子どもたち自身が長期の学びの積み重ね、自己調整を思い出せる工夫が求められる。

4 「主体的に学習に取り組む態度」の評価の方法

（１）「報告」に例示された評価の方法

「主体的に学習に取り組む態度」の評価の方法については、「ノートやレポート等における記述、授業中の発言、教師による行動観察や、児童生徒による自己評価や相互評価等の状況」を、教師による評価の際の考慮材料の一つとすることも考えられると記されている。

知識・技能や思考・判断・表現の観点の状況をふまえて評価を行う必要があることから、他の観点の評価方法に挙げられているものも重要である。知識・技能の評価における文章による説明、観察・実験、式やグラフで表現するなどの多様な方法を取り入れていくことが示されている。また、思考・判断・表現においては、論述、レポート、発表、グループでの話合い、作品の制作や表現等の多様な活動を取り入れ、それらを集めたポートフォリオを活用することが記されている。子どもなりに目標を立て、試行錯誤をしている跡があれば、読み解き、評価していくことが求められるだろう。

なお、こうした作品における子どもなりの自己調整を読み解いていくことは、思考・判断・表現の評価と相当程度重なってくることが考えられる。これは今後の重要な研究課題である。以下では、「主体的に学習に取り組む態度」を捉えるために重要な提起を含んでいるいくつかの方法を紹介し、この問題について若干の考察を加えてみたい。

(2) 学習帳の指導と評価
——子どもが学習に、教師が授業に生かす学習帳——

① 子どもが自らの学びを追求する学習帳

ノート指導としては、東井義雄の学習帳の活用は現代でも参考になるだろう。兵庫県の小学校教師であった東井は、学習帳の機能について、以下の四つを示した(東井 1957、1961)。①練習帳的機能(書取練習、計算練習)、②備忘録的機能(板書を写す、メモを取る)、③整理保存的機能(自分の内面の感じや思い、考えを整理し、文章などの形にして残す)、④探求的機能(書きながら考え、考えながら書くことによって問題を発見する)、である。主体的に学習する方法として特に興味深いのは③④である。

八田(田中 2019所収、pp.53-54)は、東井のノート指導について、横須賀(1981)の分析に注目している。横須賀も特に③④に注目し、この源流が、国定教科書の内容を疑わずに習得させる状況に疑問を抱いた教師たちが始めた生活綴方(身近な生活を作文に書かせ話し合わせ、学習を深める教育方法)にあること、東井の学習帳指導にはノートに疑問や思いを書きながら教科書教材を主体的に読むという指導法があり、これは教科書教材を読むことと子どもが自分の生活を書くことの中間にあたるという指摘を行っていること、こうした歴史をふまえてノート指導を①②から③④へどう発展させていくかが重要であると分析していることについて、現代において改めて重要な主張であると指摘している。

なお、八田は国語科の評価についての考察で上記の指摘を行っているが、東井が指導した学習帳には、おふろの容積、クレパスの値段、あさがお、雑草の増え方等の研究が生き生きと描かれており(豊田 2016)、理科や算数・数学等、他の教科でも活用できる。

東井の学習帳の指導からは、子どもがどのように自らの問いを立て、どのように方法を工夫し、考察を深めているか、粘り強く取り組んでいるか、自らの今後の生活に結び付いているかを見ることができる。もちろん、思考・判断の深まりや、表現の工夫も見てとることができる。こうして深まった学習帳をもとにした発表についても東井は分析しており、発表における自己調整を見ることもできる。

② 教師からのコメントや応え方の重要性——個別の指導と授業における指導——

学校における学習帳において興味深いのは、教師に伝えるという機能もある点だ。学習帳を持たせ、自分で好きな勉強をするようにと言うだけでは子どもたちの学びに向かう力を育てるために不十分である。たとえ学習帳であったとしても、丁寧に読む人がいれば、そのような機能を持つことができる。低学年では自己調整の難しさはあるが、他者に対して自分の思いを書く、そこに返事をもらう、その中でますます自分の考えがはっきりする、ということがある。中学年、高学年でも、教師の返事（あとがき、赤ぺんなどとも呼称）が子どもたちの学習を励まし、自己調整を促すということもある。

さらに東井は、個別に子どもたちに応えるだけでなく、授業で子どもたちの学習帳に応えてもいた。例えば、教材「いなむらの火」を授業であつかう前に、子どもたちが「ひとりしらべ」（子どもが一人で学習を進め、その際の自らの思考を書くこと）を行ったとき、東井は事前に子どもの学習帳に目を通し、ある子どもの読み間違いに気づき、それを授業の冒頭での発問に生かしている。その間違いの生かし方は、農村地域の子どもの「稲が燃えたらもったいない」という生活実感に根ざしている。それでも、子どもたちは、ぼくたちならそう思うかもしれないが庄屋の五兵衛（主人公）は違う、と食い下がるのだが、ここで東井は、それなら証拠はあるかな？ とさらに問いかけ、子どもたちが夢中で教材文を読み直し、発見していく。この授業は、ある子どもの間違いが、単なる読み間違いではなく、生活実感から言えば妥当なものであること、また丁寧に文章を読み解けば、主人公の五兵衛にもそうした思いがあったこと、そこを読み飛ばしては五兵衛の心の動きも読めないこと、それがわかる表現は文章の中にたくさん含まれていること、ということが子どもたちに実感される授業となっている。教師のたくみな発問によって成立している授業であるが、「証拠はあるかな」と聞かれて読み直す子どもたちにとって、それは与えられたからしなくてはいけないという目標ではなく、自ら取り組みたくてたまらない目標となっている。

（３）学びを振り返り、気づきや次の学びに向かうことを促す
――ポートフォリオ評価――

子どもたちと共に学びの筋道を振り返ることは、子どもたちの次に向けた自己調整を促す重要な取組である。「報告」では、知識・技能や思考・判断・表現の評価の一つとしてポートフォリオの例が挙げられている。ポートフォリオは、今までの学びを蓄積し、振り返るために有効な方法であり、次の学びへと促すことで子どもが自ら目標を立てて学びを調整していく方法としても有効であろう。ただし、ポートフォリオそのままでは、量も多く、子どもにとって重要なものとそうでないものが混在することもあり、工夫が必要である。子ども自身が自らのポートフォリオを整理・編集し直す最良作品集ポートフォリオの取組などが参考になる。見直す前提として、自らの学びを発表するような機会があれば、子どもにとってもこうした取組の意義が明確になる（西岡他 2015、特に第４章、第５章）。

一枚ポートフォリオ評価（One Paper Portfolio Assessment: OPPA、堀 2013）のように、授業で学んできたことを、学習者が一枚の用紙の中に記録し、学習者が単元全体の学びを

自己評価できるものは、学んでいる途中でも自身の学びの軌跡を一目で捉えることができ、学習の自己調整を促す上でも有効である。例えばその中に、「！」（わかったこと）だけでなく「？」（はてな）も書いていくと、子どもの中でどのような疑問が生まれたのか、その疑問はこの単元の中でうまく追究することができたのか、教師も子どもも捉えることができる。もちろん、すべての問いを追究できるわけではないが、子どもたちが心を動かし、次の目標を発見していく上で重要な手がかりとなるだろう。

(4) 複数の単元を振り返る――「本づくり」を通じた振り返り――

大村はまの「本づくり」の取組は、複数の単元を振り返り、子どもが学びを深めるために興味深い取組である（大村 1984)。大村はまは中学校での国語科単元学習の実践者であり、子どもたちは一つ一つの単元でも自分で課題と向き合いながら、試行錯誤し、学習していくのだが、それだけでなく、学期末に学びを振り返り、自らの学習記録を再編集して、一つの「本」（冊子）にしていくという取組を行っている。いわば、学期全体の学びを自ら振り返り、意味付けしていく取組である。

本にするにあたって、ノートの順番を入れ替え、章立てをし、まとめを書いていく。この本づくりを通じて、子どもたちは自らの学びの意味を発見し（メタ認知を促す取組)、言葉に関する見方・考え方に気づき、次の学びに向かう力を育てることができる。一つ一つの単元の中での自己調整を超えて、自らの学びを振り返り、次を展望するという点で、生涯にわたる学びに向かう力を育てる取組と考えることができるし、一つ一つの単元における学習をメタ的に捉え、まとめていく活動である点で、単元ごととは異なる思考・判断・表現や主体性を捉えることができる。

(5) 子どもたち自身が学びと評価をデザインする主体性 ――みんなで学びに向かう――

子ども自身が学校での学びの中で見通しを持ち、試行錯誤も含めた調整をしながら学ぶことを目指した教育活動は、大正自由教育以来、日本でも長い歴史がある。近年でも、例えば、「子どもたちが学びをデザインする」ことを「学ぶ筋道を考えて課題解決に向かう」こと、「学ぶ筋道とは、学び方だけではなく、対話を通して自己の変容に向かう過程」と位置付けた実践・研究が行われている（秋田・和歌山大学教育学部附属小学校 2017、p.25)。

そのような学習において、当初は教員が方針を示すことも必要だが、学習が進むにつれ、自分たちが何を問題とし、その解決のために何を評価するかを子どもたちとつくり上げていくことが望まれる。香川大学教育学部附属高松小学校（2013）の取組などは、その課題に先進的に取り組んだものと言えるだろう。

今回の学習指導要領では、「カリキュラム・マネジメント」（以下、カリマネ）の語が用いられ、教師たちによるカリマネの重要性が語られた。これに対し、「子ども一人一人の学びのカリマネ」がカリマネの最終的な目標であると提唱したのは、村川雅弘である。村川は、「子ども一人ひとりがなりたい姿やつけたい力を思い描き、その実現を目指して生活したり学んだりしていくこと」（村川 2018、p.13）が子どものカリマネであると示した。いわば、自己調整が一回の授業や一単元に閉じず、自分の学び全体に対して行われるものとなる。ただし、これが教師の手の内で学ぶ子どもを育て、教師もそれで満足してしまうことにならないよう、注意が必要である。この点については次節で検討する。

5 教師の意図からはみ出す子どもの考えを生かすことができるか

子どもが学びに向かう力、主体的に学習に取り組む態度の育成を考える上で、避けて通れないのが、子どもの独創的な思考、特に教師にとって一見都合の悪い思考を授業に生かすことができるか、という課題である。

もし、教師が自分なりの授業の解釈におさまる子どもの思考だけを取り上げていたら、子どもは学習の対象に向かうのではなく、教師の顔色をうかがって学びを進めていくこととなる。田上（2017）は、「本質主義的学習」と「社会構成主義的学習」のいずれであっても、個も集団も対象化され得るとの立場に立っており、そのことによって機械的あるいは合目的的に「学習させること/学習することができる」との立場であることを指摘する。田上は、こうした立場での学習をコンピュータのソフトウエアのアップデートにたとえ、これらは「能動性」を抑制し、人間を一見主体的に見えるものも含めて自動化してしまうという。そうした陥穽を避けるには、「総合的な人間形成としての教育を『作られたものから作るものへ』という方向性で考えることであり、原理的に『（教える側が意図するようには）学習させること（すること）ができない』という立場に立つこと」「個と集団を『個別的なものから一般的なものへ』という方向性でも捉え、個別的な存在である子どもの意識前の個別的な個の『具体的な経験』を認める」こと（田上 2017、p.46）が必要だという。

田上の指摘をふまえれば、子どもたちの「主体的に学習に取り組む態度」を評価するとき、それは、教える側の意図をはみ出すような発言や行動も含めて、そしてその偶然性を楽しみながら、自分を変え、子どもとともに学んでいく教師が重要になる。例えば、「夕鶴」のツウがよひょうのために機を織ったことに対して、「やさしい」というある子どもの読みを聞いた子どもが「自分のためやん」とつぶやいた場合（川地 2017）、この子どもの発言を、その後のツウや「夕鶴」をめぐる語りに生かしていくには、教師自身が、自分の読みの枠組みと子ども理解を問い直し、作り替えていきながら、評価する必要がある。

子どもの態度を捉えようとすることが、主体性の抑制へとつながらないためにも、子ども自身が目標を立て、作り替え、その評価も子どもに開かれていることが重要であるし、学習帳やポートフォリオなどを、作品として尊重し丁寧に読み解いていく必要がある。

●参考文献

秋田喜代美・和歌山大学教育学部附属小学校『学びをデザインする子どもたち』東洋館出版社、2017年

石井英真・西岡加名恵・田中耕治編著『小学校 新指導要録改訂のポイント』日本標準、2019年

大村はま『大村はま国語教室の記録 第12巻 学習記録の指導』筑摩書房、1984年

沖縄八重山学びのゆいまーる研究会・村上呂里・山口剛史・辻雄二・望月道浩『海と空の小学校から学びとケアをつなぐ教育実践―自尊感情を育むカリキュラム・マネジメント』明石書店、2018年

香川大学教育学部附属高松小学校『パフォーマンス評価で授業改革―子どもが自ら学ぶ授業づくり７つの秘訣―』学事出版、2013年

勝村謙司・宮崎亮『こころの作文―綴り、読み合い、育ち合う子どもたち―』かもがわ出版、2018年

川地亜弥子「生活と表現と集団―生活綴方の観点から―」『中部教育学会紀要』17号、2017年、pp.48-57

自己調整学習研究会監修、岡田涼・中谷素之・伊藤崇達・塚野州一編著『自ら学び考える子どもを育てる教育の方法と技術』北大路書房、2016年

田中耕治『教育評価』岩波書店、2008年

田上哲「学習における個と集団のとらえ方と人間形成の課題」『教育学研究』第84 巻４号、2017年、pp.434-445

中央教育審議会初等中等教育分科会教育課程部会「児童生徒の学習評価の在り方について（報告）」2019年１月21日

東井義雄『村を育てる学力』明治図書出版、1957年

東井義雄編著『学習帳の生かし方』明治図書出版、1961年

豊田ひさき『東井義雄の授業づくり―生活綴方的教育方法とESD―』風媒社、2016年

中内敏夫『中内敏夫著作集 第１巻「教室」をひらく―新・教育原論―』藤原書店、1999年

西岡加名恵・石井英真・田中耕治編著『新しい教育評価入門――人を育てる評価のために―』有斐閣コンパクト、2015年

堀哲夫『教育評価の本質を問う――枚ポートフォリオ評価OPPA―』東洋館出版社、2013年

松下佳代・京都大学高等教育研究開発推進センター編著『ディープ・アクティブラーニング―大学授業を深化させるために』勁草書房、2015年

村川雅弘編『学力向上・授業改善・学校改革―カリマネ100の処方―』教育開発研究所、2018年

文部科学省「小学校、中学校、高等学校及び特別支援学校等における児童生徒の学習評価及び指導要録の改善等について（通知）」2019年３月29日

横須賀薫・小林喜三男・石井重雄・宮本忠之・五十嵐寿『ノート指導のコツ』あゆみ出版、1981年

第8章

各教科の
学習評価のポイント

小学校　国　語

単元のまとまりを見通して評価場面を適切に位置付ける

樺山敏郎

（1）小学校国語科の目標に照らした指導の重点

改訂された国語科は、従前の３領域に基づく指導事項を三つの柱（「知識及び技能」「思考力、判断力、表現力等」「学びに向かう力、人間性等」）に即して設定した。今後国語科は一層身に付ける資質・能力を明確にした指導とその評価が求められる。国語科の「知識及び技能」に示された事項は、「思考力、判断力、表現力等」に示された事項の指導を通して行うことが基本である。例えば、「知識及び技能」の「読書」に関する事項は、「思考力、判断力、表現力等」の「読むこと」の領域との関連を図りながら、例示された言語活動として「本などから情報を得て活用する活動」を位置付け、学校図書館の活用を図るとよい。「知識及び技能」は必要に応じて特定の事項だけを取り上げて指導したり、学期や学年を越えて指導したりすることもできる。

（2）小学校国語科における学習評価のポイント

評価には、指導との一体化が求められる。そこには、「指導したことを評価する（指導していないことは評価しない）」とする考えがある。一体化を図るには、第一義として子どもたちに身に付けさせようとする資質・能力を教師自身が深く理解する必要がある。その上で、教材（国語科教科書等）との関連を図りながら、単元（一単位時間）に設定する目標の妥当性を子どもの実態に即して検討することが指導と評価の一体化を図る第一歩である。

国語科授業における目標の中に「相手に分かりやすく」「○○（主人公）の気持ちを想像して」など曖昧な表現が散見される。「相手」はどのような特性をもち、「分かりやすく」とは発達の段階を踏まえどのレベルまでを求めるのか、「気持ち」ではなく「変容」の要因を探ることが主眼ではないか、「想像」の拠り所や理由の所在にどうアプローチするのか、「想像」の拡散をどのように収束するのかなどの検討が必要である。目標との関連を踏まえ、学習のまとめや振り返りは検討される必要がある。とりわけ、文学の解釈や考えの形成の指導においては、到達すべき規準が不明確になりがちである。子ども一人一人の自由で個性的な表現に一定の制御を加え、条件を付与した学習のまとめや振り返りの充実を図りたい。例えば、該当場面で着目した叙述を一つに絞って、あるいは二つ以上を取り上げる、全文を通して複数の場面を関係付ける、冒頭の登場人物や状況を整理した上で変容に触れる、自分の体験を踏まえた考えを述べる、指定の字数で書くなどである。学習のまとめや振り返りという出口からの授業構想は、指導と評価の一体化につながる。結局、子ども一人一人はどのような能力を獲得できたか否か、目標の実現状況を子どもの姿を通してつぶさに見取ることが評価の核となる。こうした教師の評価力を高めるためには、単元（一単位時間）の出口において目指す子どもの姿を具体的に描くことが鍵になる。

(3) 学びを変える評価活動の工夫

評価活動は、意図的・計画的に行う必要がある。2016（平成28）年の中央教育審議会答申では、「毎回の授業で全ての観点を評価するのではなく、単元や題材などのまとまりの中で、指導内容に照らして評価の場面を適切に位置付ける」ことを求めている。そのためには、単元の指導と評価の計画（表1参照）の作成が必要である。計画の作成を通して、観点別の学習状況を記録に残す場面を精選する。国語科は教科特性として単元のまとまりを意識した学習指導が展開されている。設定する単元で身に付けさせようとする資質・能力を明確にし、単元のまとまりを見通して評価活動を行うことが要となる。

表1　「単元の指導と評価の計画」の例

時間	学習活動	指導上の留意点	評価規準・評価方法		
			重点	方法	記録
1	（略）	（略）	知技②	ノート	
2	（略）	（略）	思判表①	観察	○

※重点の○数字は、単元の評価規準を細分化した内容

教師側で作成する指導と評価の計画は、子どもに分かりやすい言葉に置き換えて単元計画表として提示するとよい。「学びに向かう力」の育成につながるからである。この計画表は、子どもにとっての“学びの地図”となり、ゴールとプロセスをイメージできる。評価の側面から捉えると、「主体的に学習に取り組む態度」、つまり「粘り強い取組」と「学習の調整力」の実現状況の把握に役立つ。国語科の「粘り強い取組」については、国語で表現された内容や事柄を「正確に」理解しようとする姿、国語を使って内容や事柄を「適切に」表現しようとする姿が評価内容であろう。「学習の調整力」については、学習の内容面と方法面の双方から検討する必要がある。内容の側面では、言葉そのもの、言葉を通じて理解した内容、表現した内容が妥当であるかを吟味する姿、言葉による見方や考え方が多面的・論理的であるかなどを思考し判断する姿、協働して最善解や納得解に向かう姿、問い直し、問い続ける姿などを調整力の表れとして見取る。他方、方法の側面では、課題の解決に向けた学びの方向を見通す姿、その方向を必要に応じて修正する姿、学習成果として何が大切かを振り返る姿などを調整力の表れとして評価することになる。

小学校 **社　会**

単元の目標を踏まえ、学習と指導に生きる評価を

北　俊夫

（1）社会科の単元目標と評価規準

学習評価の基本は目標に準拠して評価することであり、そのためには単元（小単元）の目標設定の在り方が課題になる。目標を設定することには、指導においてすべての子どもたちに実現させるという極めて重い役割がある。学習の結果がどうだったかを評定する前に、指導の過程において目標のより高い実現を目指すことは授業者の責務である。

今回の学習指導要領では、教科目標をはじめ、各学年の目標が「知識及び技能」「思考力、判断力、表現力等」「学びに向かう力、人間性等」の３項目（「資質・能力」の「三つの柱」）から示されている。これを踏まえると、単元（小単元）の目標は上記の３項目を踏まえて構成することが妥当であると考える。例えば、４年の「自然災害から人々を守る活動」に関する単元を例にすると、次のような目標を設定することができる。

①　地域の関係機関や人々は、自然災害に対して、様々な協力をして対処してきたことや今後想定される災害に対して、様々な備えをしていることを理解するとともに、聞き取り調査をしたり地図や年表などの資料で調べたりして、まとめる技能を身に付けることができる。

②　過去に発生した地域の自然災害、関係機関の協力などに着目して、災害から人々を守る活動を捉え、その働きを考え、表現することができる。

③　主体的に問題解決に取り組む態度や学習したことを社会生活に生かそうとする態度とともに、地域社会に対する誇りや愛情、地域社会の一員としての自覚を養うようにする。

これらを一文に表すこともできるが、長蛇になり、わかりにくくなる。これらの各項目は学習評価の観点ともリンクしており、文末を変えるだけで観点ごとの評価規準として読み変えることができる。作業の手間も省ける。③の後半に示された誇りや愛情、自覚といった内心に関わる部分は個人内評価が実施され、評価規準から除外される。

なお、北 俊夫編著『平成29年改訂　小学校教育課程実践講座　社会』（ぎょうせい、2018）には、全学年、全単元（小単元）の目標と指導計画が紹介されているので参考にしていただきたい。

（2）観点別評価の課題とポイント

学習評価の基本は従来から観点別評価とされてきた。社会科においては、これまでの観点名と大きく改められたところはないが、各観点の趣旨を確認しておきたい。

「知識・技能」の観点は、従来の「知識・理解」と「観察・資料活用の技能」を合体したものである。知識に関しては、用語や具体的知識の習得状況だけでなく、それらの知識を活用して汎用性のある概念的知識（学習指導要領の各内容のアの（ア）などに示されている事項）を理解しているかを合わせて評価する。指導する内容を明確にした「知識の構造図」を作成することが一層重要になる。技能については、観察や見学、調査、資料活用を通して情報の収集・分析・整理などの技能を習得しているかだけでなく、それらの技能を効果的に活用しているかについても評価する。

「思考・判断・表現」の観点は、思考力、判断力、表現力等の能力が身に付いているかどうかを評価するものである。思考する、判断する、表現するなどの活動を評価することで留まらないようにしたい。活動を通して能力の育成状況を評価することがポイントである。そのためには、思考力とは何か。判断力とは何か。表現力とはどのような能力なのかを改めて確認し、それらの能力を育てる指導方法を開発することが急務である。

「主体的に学習に取り組む態度」の観点は、自らの学習の方向を見定め、自己調整しながら問題解決に粘り強く取り組んでいるか。学習したことを社会生活に生かそうとしているかを評価するものである。そのためには、単元や学期など長期的な視点に立って、子ども一人一人の成長の状況を評価することが重要になる。

（3）「学習と指導」に生きる評価の在り方

従来から、「指導に生きる評価」とか「指導と評価の一体化」などと言われてきたように、学習評価が教師の指導の一環として捉えられてきた。これからは、評価情報を子どもにも日常的にフィードバックさせ、子ども自身が自らの学習を改善していくようにする。子どもが自らの学習を改善する行為は、粘り強さを発揮しながら学習を自己調整していることであり、学びをより深まりのあるものにしようとしている姿である。

そのためには、子どもたちに評価結果を単元末や学期末に提供するのでは遅い。教師が把握した評価情報を一人一人に日常的に提供し、それらの活用状況を見守りたい。教師が評価結果をもとに授業改善を図るように、子どもも結果を踏まえ自らの学習改善を図ること、これが「子どもの学習と教師の指導に生きる評価」である。

指導計画を作成する際に、子どもたちがつまずいたり壁に遭遇したりしたとき、どのような手だてをとるかを予め計画しておくとよい。例えば、ヒントになる資料を用意しておく。助言の言葉を考えておく。補足の活動を計画しておくなどが考えられる。

小学校　算　数

数学的な見方・考え方を働かせた学びを評価するポイント

礒部年晃

（1）算数科の目標に照らした指導の重点

今回の改訂で、算数科の目標は次のように三つの柱から示された。これは、算数科において育成を目指す資質・能力であり、資質・能力ベイスの授業へと質的な転換を目指していることに注目する必要がある。また、三つの柱は、「数学的な見方・考え方を働かせ、数学的活動を通して」育成されることに配慮する必要がある。

> 数学的な見方・考え方を働かせ、数学的活動を通して、数学的に考える資質・能力を次のとおり育成することを目指す。
>
> ⑴　数量や図形などについての基礎的・基本的な概念や性質などを理解するとともに、日常の事象を数理的に処理する技能を身に付けるようにする。
>
> ⑵　日常の事象を数理的に捉え見通しをもち筋道を立てて考察する力、基礎的・基本的な数量や図形の性質などを見いだし統合的・発展的に考察する力、数学的な表現を用いて事象を簡潔・明瞭・的確に表したり目的に応じて柔軟に表したりする力を養う。
>
> ⑶　数学的活動の楽しさや数学のよさに気付き、学習を振り返ってよりよく問題解決しようとする態度、算数で学んだことを生活や学習に活用しようとする態度を養う。

ここで、目標で示された「数学的な見方・考え方」を整理すると、次のようになる。

数学的な見方	数学的な考え方
事象を数量や図形及びそれらの関係についての概念等に着目してその特徴や本質を捉えること	目的に応じて数、式、図、表、グラフ等を活用しつつ、根拠を基に筋道を立てて考え、問題解決の過程を振り返るなどして既習の知識及び技能等を関連付けながら、統合的・発展的に考えること

上記の見方・考え方は、数学的に考える資質・能力を支え、方向付けるものであり、学習評価を具体化する上で重視する必要がある。

（2）算数科における学習評価のポイント

前述した目標に準拠した評価を具体化するためには、①評価するポイントを明確にする、②それに基づいて、数学的な見方・考え方を働かせる授業を設計・実践する、③実践で出現した子どもの学びを評価する、といった一連の評価活動から構想する授業づくりが大切になる。また、このプロセスから、児童が「数学的な見方・考え方」を働かせる授業が具体化することになり、指導と評価の一体化が実現する。そこで、学習評価のポイントを、資質・能力の三つの柱から捉えると次のようになる。

①「知識・技能」

この観点の評価のポイントとして、習得した知識及び技能が基盤として、他の学習や生活の場面でも活用できるようになっていることや、活用する方法について理解していることを評価することが大切である。

②「思考・判断・表現」

この観点の評価のポイントとして、児童が求め方や思考・判断の根拠を言葉、数、式、図、表、グラフ等を用いて記述したことや説明したことについて評価することが大切である。また、類似した問題事象の解決の際に、統合的・発展的に考えて解決しようとしているかといったことや、新たな問題を発展的に作り出そうとしているかといったことについて評価することも大切である。

③「主体的に学習に取り組む態度」

この観点の評価のポイントは、「数学的活動の楽しさや数学のよさに気付き粘り強く考える」「学習を振り返ってよりよく問題解決しようとしたり、算数で学んだことを生活や学習に活用したりする」ことについて評価することが大切である。その際、一単位時間の各段階で発揮される「学習の調整力」について注意深く捉え、評価することも大切である。

（3）評価項目・内容の具体化から、学びを変える

上述した評価のポイントから、これからの算数科の授業づくりにおいては、一つの問題解決から新たな問題解決へと発展させたり、算数で学んだことを生活や新たな算数の学習に活用したり、複数の現象から統合的に考えたりといったように、連続的な学びの場づくりを一層重視する必要がある。これらの学びは、問題を自立的、協働的に解決する数学的活動を通した学びであり、それらを積極的に評価することで、診断的評価のみならず、形成的評価、総括的評価と多面的に評価することができる。さらには、アセスメントとしての評価を充実することにもつながる。また、設定された学習目標（学習のめあて等）の達成に向けた問題解決活動の過程を振り返り、よりよい解決ができているかどうかを評価したり、改善したりする学びの場も求められおり、児童が自身の学びをメタ認知したことも積極的に評価することができる。

このように（2）（3）から、評価項目・内容を具体化することは、算数・数学における問題発見・解決の過程を具体化すること、ひいては子どもの算数の学びの変革につながるので、評価計画に基づく授業設計を大切にしたいものである。

小学校　理　科

問題解決の過程で、児童の質的な高まりを評価する

川上真哉

（1）理科の目標に照らした指導の重点

①　目標と指導の重点

小学校理科の目標は、

> 自然に親しみ、理科の見方・考え方を働かせ、見通しをもって観察、実験を行うことなどを通して、自然の事物・現象についての問題を科学的に解決するために必要な資質・能力を次のとおり育成することを目指す。
> (1)　自然の事物・現象についての理解を図り、観察、実験などに関する基本的な技能を身に付けるようにする。
> (2)　観察、実験などを行い、問題解決の力を養う。
> (3)　自然を愛する心情や主体的に問題解決しようとする態度を養う。

である。理科は、自然を学ぶとともに、自然から学ぶ方法を身に付ける教科とも言える。

「見通しをもって」については「児童が自然に親しむことによって見いだした問題に対して、予想や仮説をもち、それらを基にして観察、実験などの解決の方法を発想すること」とされ、「観察や実験を行うことなど」の「など」には「自然の事物・現象から問題を見いだす活動、観察、実験の結果を基に考察する活動、結論を導きだす活動が含まれる」とされている（解説より。以下同)。その意義として、「観察、実験は児童自らの主体的な問題解決の活動となる」ことや「児童は、自らの考えを大切にしながらも、他者の考えや意見を受け入れ、様々な視点から自らの考えを柔軟に見直し、その妥当性を検討する態度を身に付けることになると考えられる」ことが挙げられている。これら指導の重点を教師が意識的にデザインし、児童が主体的に活動することが、科学の基本的な条件である「実証性、再現性、客観性」を重視することになり、「児童は、問題解決の活動の中で、互いの考えを尊重しながら話し合い、既にもっている自然の事物・現象についての考えを、少しずつ科学的なものに変容させていく」ことになる。

②　理科の見方・考え方

「見方」は「問題解決の過程において、自然の事物・現象をどのような視点で捉えるか」

とされ、表に整理すると次のようになる。

柱とする領域	エネルギー	粒子	生命	地球
主とする視点	量的・関係的	質的・実体的	共通性・多様性	時間的・空間的

注意を要する点としては、「視点はそれぞれ領域固有のものではな」いということである。

「考え方」は「問題解決の過程において、どのような考え方で思考していくか」とされ、問題解決の過程の中で用いる、比較、関係付け、条件制御、多面的に考えることなどと示された。これは、例えば「（比較しながら調べる活動を通して）自然の事物・現象について追究する中で、差異点や共通点を基に、問題を見いだし、表現すること」というような「思考力、判断力、表現力等」とは「異なることに留意が必要である」としている。

（2）理科における学習評価のポイント

前項の「留意が必要」ということを、学習評価にどう反映すればよいのだろうか。教師は「見方」が異なっていたり、「考え方」ができていなかったりということを評価するのではなく、資質・能力としての「知識及び技能」や「思考力、判断力、表現力等」を評価するということである。「児童の『見方・考え方』は豊かで確かなものになっていき、それに伴い、育成を目指す資質・能力が更に伸ばされていく」という関係があるので、「資質・能力」が十分育成できていないとき、当該児童の「見方・考え方」を見取ることで、児童がより適切な「見方・考え方」を働かせることができるようにするため、教師はどうすればよいかというように、指導の改善に資するようにすることが大切と考えられる。

「思考力、判断力、表現力等」については、「学年で主に育成を目指す問題解決の力」を各学年で評価することは当然として、「他の学年で掲げている問題解決の力の育成についても十分に配慮する必要がある」ので、とりわけ重要な「得られた結果を基に考察し、表現するなどして問題解決」しているかについての評価は、全学年で求められている。

（3）学びを変える評価活動の工夫

資質・能力の育成に関して、「知識及び技能」は習得、「思考力、判断力、表現力等」は育成、「学びに向かう力、人間性等」は涵養という言葉で表現された。これを指導計画に反映すると、観点「知識・技能」については、授業の特定の場面で一斉に評価する、「思考・判断・表現」については、単元を通して何回か評価を試み１回でも十分満足する状態が見られたらＡというように質的な高まりに着目して評価する、「主体的に学習に取り組む態度」については、その学期を通して質的な高まりが見られたかどうかに着目して評価するなどの工夫が考えられる。また、「主体的に学習に取り組む態度」に関しては、例えば、他者と関わったり粘り強く行ったりする必然性や、学習や生活に生かす場面があるなどの条件を満たすよう学習活動をデザインし、評価を行えるようにする工夫が考えられる。

小学校 生　活

思いや願いを実現する過程に基づく生活科の評価

朝倉　淳

（1）生活科の目標に照らした指導の重点

新学習指導要領において、生活科の目標は、他教科と同様に、はじめの一文と資質・能力の三本の柱、⑴「知識及び技能の基礎」、⑵「思考力、判断力、表現力等の基礎」⑶「学びに向かう力、人間性等」で再整理されている。

はじめの一文には、生活科の根幹や特徴が表現されている。このうち「見方・考え方」は、新しいキーワードの一つである。生活科における「見方」は、学習対象を「自分がどのように関わっているのか」という視点で捉えることである。「考え方」は、思いや願いを実現する過程において、自分自身や自分の生活などについて考えることであり、その方法や筋道でもある。このような「見方・考え方」は児童の外にあるのではなく、児童がすでに自分自身の内面に有しているものである。

生活科では、児童が具体的な活動や体験を通して、様々な学習対象との関わりを広げたり深めたりしながら思いや願いを実現していくようにすることが、指導の重点となる。気付きや技能を活用し、考えたり表現したりしながら思いや願いを実現する「過程」が大切なのであり、その過程を歩みながら「自立し生活を豊かにしていくための資質・能力」を育成することが重要なのである。

（2）生活科における学習評価のポイント

このような生活科の特徴を踏まえるならば、学習評価では評価の３観点に照らし、例えば次のことがポイントとなる。

①　知識・技能

生活科では、一人一人が具体的な活動や体験において諸感覚を通して得た気付きが重要であり、これがすべての学習や生活の基礎となる。気付きは知識へとつながるものであり、思いや願いを実現する過程において、「どのような活動や体験で、何に気付いたのか」を捉えることが重要である。そのためには、児童の気付きを予め想定しておくことが有効である。それによって、多様な気付きをより確かに捉えることができるとともに、想定を超える気付きについても捉えることができるのである。

② 思考・判断・表現

この観点では、思いや願いの実現に向けて、「どのように考えたのか」「どのように表現したのか」などを評価する。児童が活発に活動しているとき、その姿は捉えやすい。一方、問題を発見したり深く考えたりしているときは、外から見える児童の動きは緩やかになったり止まったりする。そのような児童の姿にも留意し、児童自身のストーリーにおいてその姿の意味を捉えることがポイントである。

③ 主体的に学習に取り組む態度

生活科の学習過程は思いや願いを実現する過程であることから、児童が主体的に学習に取り組むことは一層大切な態度である。もし、授業に生活科の趣旨が生かされていなければ、児童が本当の意味で主体的に学習に取り組むことは難しい。児童が本来持つ主体性が発揮されるような授業を創造して、児童の主体的に学習に取り組む態度を評価したい。

（3）学びを変える評価活動の工夫

学校では何のために児童生徒の学習状況を評価するのだろうか。「学校」の存在意義に照らすならば、何らかの形で児童生徒の一層の成長を助けるためであろう。では、小学校生活科については、どのような評価活動が児童の一層の成長につながるのだろうか。

① 低学年児童は評価を求めている

低学年児童からしばしば「見て見て」「見ててよ」などの言葉が聞かれる。自分自身の姿を身近な大人に見ていてほしいのである。理由や背景は様々であろうが、自分の成長ぶりに対する承認を求める気持ちの現れの一つであろう。そのような気持ちに応えつつ、その姿の中にあるよさを捉え、積極的、肯定的に伝えるようにしていきたい。

② 児童の学びの文脈に即して理解する

児童の姿は大人の論理では捉えきれない。児童の発言や行為は、前後との関係においてその意味が理解されるのである。児童の文脈は一人一人異なる。いわゆる評価規準は大切であるものの、多様な文脈を意識しながら評価規準から外れた部分も大切に受け止めたい。

③ 振り返りのきっかけをつくる

児童自身が自らを振り返ることは、自己評価の力を育てる上でも大切なことである。振り返りが生まれるようなきっかけをつくることは、教師の指導性が発揮されるところである。発問や資料等の提示、環境構成など、振り返りが生まれるようなきっかけづくりをしたい。

④ 展望を示す

学習評価が児童の成長につながるためには、肯定的な評価を本人に返したり学級全体で共有したりしていくことが必要である。また、ある児童が困っているならば、機を捉えて「こうしてみたら？」など、何らかの提案や展望を示すことも大切である。一人一人の児童の一層の成長につながるような評価活動でありたい。

小学校　音　楽

小学校音楽科の学習評価――楽しい学びを導くために――

宮下俊也

(1) 小学校音楽科に対する基本的なこと

音楽と関わることは、歌うことも、楽器を奏でることも、つくることも、聴くことも、どれもみな楽しい。それに音楽は、私たちの心や頭に直接的に働きかけてきて、感性や知性を揺さぶる。学校で音楽を「学ぶ」ということは、音楽に対する新たな楽しさを見いだしたり、より深く楽しんだりするために必要な資質・能力を身に付けることだ。その学びや経験は、児童自身の人生を幸せにするとともに、やがて幸せな社会づくりの一員になるために、生きて働くものとなる。

(2) 音楽科の目標に照らした指導のポイント

小学校音楽科で育成を目指すものは、「生活や社会の中の音や音楽と豊かに関わる資質・能力」である。そのために、「知識及び技能」「思考力、判断力、表現力等」「学びに向かう力、人間性等」(「資質・能力の三つの柱」)を、「音楽的な見方・考え方」を働かせ、「主体的・対話的で深い学び」によって培っていく。音楽科における教科や各学年の目標も、この三つに分けて示されている。それらについて指導のポイントを簡潔に述べる。

① 「知識及び技能」

学習指導要領で、「……について気付く」「……について理解する」と示された「……」に当たる部分が知識として培う事項である。技能は「……を身に付ける」として示されている。このように知識と技能は分けて示されているが、指導においては、音楽活動を通して両者を関わらせながら行うことがポイントとなる。そして、知識と技能が音楽活動に生かされると、感動のようなより質の高い楽しさが得られることを児童に実感させたい。

② 「思考力、判断力、表現力等」

これは、音楽表現を工夫することや音楽を味わって聴くことができるようにするために、聴き取ったこと(音楽を形づくっている要素)と感じ取ったこと(要素の働きが生み出すよさや面白さ、美しさ)との関わりについて考え、曲や演奏の価値(よさなど)を自分なりに判断し、その結果を音や音楽、言葉などで表現する力である。常に音楽活動と関わらせ、音楽、仲間、教師と対話しながら主体的に取り組ませることがポイントとなる。

③「学びに向かう力、人間性等」

小学校音楽科の教科目標には、「学びに向かう力、人間性等」として、「音楽を愛好する心情」「音楽に対する感性」「音楽に親しむ態度」「豊かな情操」が掲げられている。これらは、楽しく主体的に、仲間と協働して音楽に関わらせる学習場面を設けるなどして、一授業や一題材のみならず、長期的に培っていくことがポイントとなる。

（3）学習評価のポイントと学びを変える評価活動の工夫

指導と評価は、どちらも目標の実現を目指して行うものである。評価の結果は、教師自身に対しては指導の改善に、児童に対しては成果を賞賛したり今後の学習改善を求めたりするために、さらなる目標の実現に向けてフィードバックさせる。これにより「指導と評価の一体化」が図られる。単に「評価」ではなく、「学習評価」という語の意味はそこにある。また、「学びを変える」ということは、学ぶことの楽しさや学んで得た達成感などを基盤として、さらに新たな学びや学び方を求めていくことである。学習評価としての適切なフィードバックは学びを変えるために機能し、より楽しい学びを導く。では、小学校音楽科の学習評価はどのように行ったらよいのか、観点別にポイントを示す。

①　観点「知識・技能」

これは、「知識及び技能」の目標に対して実現を確認する観点である。前述したように、知識と技能はともに関わらせながら指導をしていくが（表現領域）、この観点の趣旨が示すとおり、実現の結果は分けて確認する。知識は、音楽表現や音楽を味わって聴くことに生かされているかどうかを、技能は、表現したいものを音楽として実現するために生かされているかどうかを、それぞれ確認することが大切である。

②　観点「思考・判断・表現」

これは、「思考力、判断力、表現力等」の目標に対して実現を確認する観点である。評価においては、思考したこと（しようとしていること）、判断したこと（しようとしていること）、表現されたこと（しようとしていること）のそれぞれに加え、三者がきちんと整合しているかどうかを、学習の過程やワークシートなどで見取っていくことが大切である。

③　観点「主体的に学習に取り組む態度」

これは、「学びに向かう力、人間性等」の目標に対して実現を確認する観点であるが、観点別評価の対象になるものは、「音楽活動を楽しんでいるか」「主体的・協働的に学習活動に取り組もうとしているか」の２点である。そこでは、粘り強く取り組む側面と自ら学習を調整しようとする側面を一体的に見ていく。「音楽を愛好する心情」「音楽に対する感性」「豊かな情操」は、一授業や一題材で評価することが難しい。これらは個人内評価として、その成長を授業の中で的確に見取り、言葉かけや通知表などで児童や保護者に伝えていく。また指導要録では「総合所見及び指導上参考となる諸事項」に記載するとよい。

小学校　図画工作

よさや可能性（資質・能力）を子どもの姿から評価する

阿部宏行

（1）子どものよさや可能性を評価する

学習指導要領図画工作科の「第３の２　内容の取扱い」(4)には「活動の全過程を通して児童が実現したい思いを大切にしながら活動できるようにし、自分のよさや可能性を見いだし、楽しく豊かな生活を創造しようとする態度を養うようにすること」[1]とある。子どもは、「つくり　つくりかえ　つくる」という過程を通して、自分の資質・能力を発揮し、自らを形成する。作品に残された形や色は、活動の過程で生まれた「記録」と言える。しかし、作品の形や色から子どもの資質・能力を見取るのは容易ではない。相対評価などで評価していた時代には、特に技能のみを取り出して作品に序列を付けて評価したことがあった。

もちろん、作品から子どもの思いを、子どもの目線で、初めにかき始めたところや、こだわって最後まで熱心にかいていたところなど、推測して評価することは可能である。

作品ではなく、子どもと教室で同じ地平に立つ先生だからこそできる評価がある。それは製作中の子どもの表情や仕草など、その場にいて感じ取ることができる評価である。実際にかいたりつくったりしている行為などに着目して評価する。これは作品コンクールなどで絵を審査する人には得られない世界である。このたびの学習指導要領に「行為」という言葉が位置付いた。自分の感性や感覚を働かせて、かく、つくる、並べる、切る、貼るなどの「行為」のことである。これらの行為は、身体に備わっている「知識」を基に、技能を伴いながら表れる「行為知」と呼ぶことができる。子ども同士が「ここに大きな観覧車をつくって、みんなで乗れるようにしたいなぁ」「いいね！」「じゃ、こっちは切符を渡すところにしよう」など、これまでに経験したことや見聞きした「知識」を基に、楽しい乗り物や街をつくろうと、発想や構想をして実現へと動き出す。これまでの知識を活用することで、新たな知識として更新される学力観がここにある。

- 子どものよさや可能性は結果としての作品ではなく、作品に至る過程（プロセス）に表れる。
- 行為など、活動中の子どもの姿を評価する。
- 子どものフィールドに立って評価する。

(2) 子どもを見取る先生の眼と評価方法

授業をしながら、子どもの様子を動画で撮影・記録することがある。図画工作の時間にも、子どもの様子を撮影することで、「子どものよさ（資質・能力）」を見取るために参考にすることができる。一人の先生がすべての子どもを一つの授業で撮影するのは時間的な制約や、安全面などから不可能である。校内研修などの授業研究で、他の先生が子どもの様子を「観点」を持って撮影することで可能になる。授業後の話し合いなどで、一人の子どもの変容や、資質・能力の発揮している場面を共有して、他の先生と研修を重ねることができる。動画を再生して、「あっ！ 今、試行活動しながら、解決策を模索している」「思考力、判断力、表現力等を発揮しているところ」というように、今後の自身の授業での「子どもの表れ」を見取る「基準（尺度）」ができる。

- **活動中の行為や発話（つぶやき）を観察し記録するなど評価方法の多様化を図る。**
- **活動する子どもの姿の動画から学ぶ、ムービー・リフレクションによる校内研修で先生の評価の目を確かなものにする。**[2]

(3) 一人一人の子どもを見取る観点

芸術系の「知識」については、各教科の特質に応じた評価方法の工夫し、一人一人が感性などを働かせて様々なことを感じ取りながら考え、自分なりに理解し、表現したり鑑賞したりする喜びにつながっていくもの[3]であるとしている。図画工作では、思いや考えを基に構想し、意味や価値を創造していく過程で「思考力、判断力、表現力等」が育成されることに留意する[4]よう示されている。全過程の中で、見いだした「よさや可能性」は、観点別評価以外にも個人内評価に記録して次の題材で指導に生かすなどの工夫が大切である。特に「態度」の評価は、題材を複数回超えて見いだすものと考え、挙手の回数や、忘れ物の数などで決めることのないよう注意する必要がある。意欲などの積極性の他に責任感や粘り強さなど非認知的な能力を見いだすとともに、自覚などをもとに、次への取組の方向性にまで、幅を広げて評価することが大切である。

教育評価に必要なのは「客観性」ではなく「信頼性と妥当性」[5]である。それは評価がどれだけ安定しているかという信頼性と、評価する対象を適切に表しているかという妥当性である。つまり、教育評価によって子どもの健やかな心身と、確かな能力が育成されることが重要である。そして、この信頼性の上で指導が成り立つのである。

通知表は本人及び保護者への信頼性を基にした「手紙」である。指導要録は1年間の活動の姿の「記録」であり、次年度の担当者への指導の「情報」である。指導は、子どもがその教科を好きになることである。評価は、先生が一人一人の「子ども」を好きになることと捉えることができる。評定は、その子どもが、その教科のことを得意にしている度合いを表している。

- 観点で見取ることのできる評価（知識・技能、思考・判断・表現、態度）を可視化する。
- 観点別評価になじまない子どものよさは個人内評価に記録する。
- 学習の過程で表れる資質・能力をまるごと捉える「共感と支援」が「評価と指導」である。

（4）「内容のまとまりごとの評価規準」作成の基本的な手順

評価規準の作成に当たっては、学習指導要領の教科の目標、各学年の目標や内容とともに「評価の観点及びその趣旨」を踏まえる。「内容のまとまりごとの評価規準」は、教科の特質に応じた形で作成する。まず、学習指導要領に示された教科及び学年の目標を踏まえて、「評価の観点及びその趣旨」が作成されていることを理解した上で、①教科における「内容のまとまり」と「評価の観点」との関係を確認する。②【観点ごとのポイント】（国立教育政策研究所教育課程研究センター「指導と評価の一体化」のための学習評価に関する参考資料（小学校、中学校）（評価規準の作成及び評価方法の工夫等）【案】20190619）を踏まえ、「内容のまとまりごとの評価規準」を作成する。ただし、「⑶学びに向かう力、人間性等」に対応する「主体的に学習に取り組む態度」については、学習指導要領の教科の「内容」に示されていないことから、該当する学年の目標⑶を参考にして作成する。また、学年別の評価の観点の趣旨のうち「主体的に学習に取り組む態度」に関わる部分も用いて作成する。ここでは、中学年の「絵や立体、工作に表す」を例に「内容のまとまりごとの評価規準」を作成している。

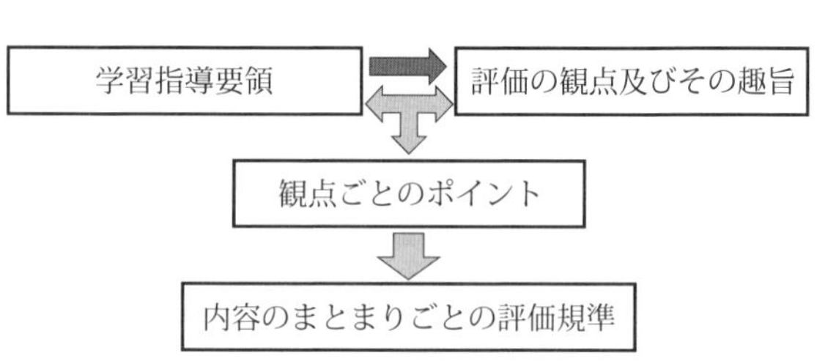

３・４年「絵や立体、工作に表す」の評価規準例

知識・技能	思考・判断・表現	主体的に学習に取り組む態度
・自分の感覚や行為を通して、形や色などの感じが分かっている。 ・材料や用具を適切に扱うとともに、前学年までの材料や用具についての経験を生かし、手や体全体を十分に働かせ、表したいことに合わせて表し方を工夫して表している。	形や色などの感じを基に、自分のイメージをもちながら、感じたこと、想像したこと、見たことから、表したいことを見付け、表したいことや用途などを考え、形や色、材料などを生かしながら、どのように表すかについて考えている。	つくりだす喜びを味わい進んで表現する学習活動に取り組もうとしている。

●注

1　文部科学省『小学校学習指導要領（平成29年告示）解説 図画工作編』日本文教出版、2018年。
2　佐伯胖・刑部育子・苅宿俊文『ビデオによるリフレクション入門』東京大学出版会、2018年。
3　文部科学省『児童生徒の学習評価の在り方について（これまでの整理）』パブリックコメントの資料から
4　同上（注3）。
5　東洋『子どもの能力と教育評価』東京大学出版社UP選書198、1979年。

小学校 家　庭

問題解決のプロセスを踏まえた指導と評価の充実

岡　陽子

（1）家庭科の目標に照らした指導の重点

家庭科が目指すのは「生活をよりよくしようと工夫する資質・能力」の育成であり、新学習指導要領では、その資質・能力の三つの柱として「知識及び技能」「思考力、判断力、表現力等」「学びに向かう態度、人間性等」が具体的に示された（表１）。

表１　小学校家庭科の新目標

生活の営みに係る見方・考え方を働かせ、衣食住などに関する実践的・体験的な活動を通して、生活をよりよくしようと工夫する資質・能力を次のとおり育成することを目指す。
⑴　家族や家庭、衣食住、消費や環境などについて、日常生活に必要な基礎的な理解を図るとともに、それらに係る技能を身に付けるようにする。
⑵　日常生活の中から問題を見いだして課題を設定し、様々な解決方法を考え、実践を評価・改善し、考えたことを表現するなど、課題を解決する力を養う。
⑶　家庭生活を大切にする心情を育み、家族や地域の人々との関わりを考え、家族の一員として、生活をよりよくしようと工夫する実践的な態度を養う。
（下線は筆者による）

これらの資質・能力は、生活の課題発見→解決方法の検討・計画→課題解決に向けた実践活動→評価・改善という一連の学習活動の中で育まれ、この学びの過程において、個別の知識・技能は活用できる知識・技能へと高まり、思考力・判断力・表現力もより精緻化すると捉えることができる。

したがって、これらの資質・能力を育成するためには、形成的評価の意義を踏まえ、問題解決的な学習の各プロセスを捉えつつ、児童の学習状況の把握に基づく学習や指導の改善・充実が重要な鍵となる。すなわち、指導と評価の一体化を図りつつ、児童が教材との新しい出会いの中に生活の課題を発見し、見通しをもって主体的に学び、個々の課題意識のもとに多様な解決策を創出できる家庭科の指導と評価の工夫が求められている。

（2）家庭科における学習評価のポイント

評価の観点は、資質・能力の三つの柱に対応して、「知識・技能」「思考・判断・表現」「主体的に学習に取り組む態度」の３観点となった。その趣旨は表２のとおりである。

「知識・技能」は、理解に基づく技能を評価することが重要となる。技能に係る評価規

表２　小学校家庭科の「評価の観点及びその趣旨」

観　点	趣　旨
知識・技能	日常生活に必要な家族や家庭、衣食住、消費や環境などについて理解しているとともに、それらに係る技能を身に付けている。
思考・判断・表現	日常生活の中から問題を見いだして課題を設定し、様々な解決方法を考え、実践を評価・改善し、考えたことを表現するなどして課題を解決する力を身に付けている。
主体的に学習に取り組む態度	家族の一員として、生活をよりよくしようと、課題の解決に主体的に取り組んだり、振り返って改善したりして、生活を工夫し、実践しようとしている。 注；「家庭生活を大切にする心情」等は観点別評価になじまないことから、個人内評価として見取る。

準の文末は、「〜について理解しているとともに、適切にできる」などの表現に揃えるとよい。評価に当たっては、問題解決的な学習の過程で、個別の知識・技能の実現状況を把握することに加えて、活用できる概念や技能となっているかを評価することも重要となる。そのためには、活用できる概念等を評価できる場面（パフォーマンス課題等）の設定や、概念を問うワークシートやペーパーテストなどを工夫する必要がある。

「思考・判断・表現」は、学習過程の４段階（①問題の中から課題を設定する、②様々な解決方法を考える、③実践等を評価・改善する、④考えたことを表現する）に沿って各評価規準を設定し、実現状況を評価する。これまでは、②の「様々な解決方法を考える」段階、すなわち「考え工夫する」段階のみを評価していたが、これからは「課題を解決する力」を育む観点から、問題解決の各過程における四つの場面を適切に捉えて評価する必要がある。そのためには、指導計画や指導の在り方そのものの見直しが求められる。

一例として、具体的な四つの場面と評価規準を次に示す。評価規準の文末は、「〜〇〇している」と表現するとよい。

①　題材のはじめに自分の生活を振り返り問題を発見し課題を設定する場面を作ってその実現状況を評価する。→「〇〇について問題を見いだして課題を設定している。」

②　知識・技能を活用して課題を解決する場面（パフォーマンス課題等）を設定して考える力を評価する。→「〇〇について、考え、工夫している。」

③　課題解決のための実践を振り返り評価・改善している状況を評価する。→「課題解決のための〇〇について、実践を評価したり改善したりしている。」

④　一連の課題を振り返って表現する力を評価する。→「〇〇についての課題解決に向けた一連の活動について、考えたことをわかりやすく表現している。」

「主体的に学習に取り組む態度」は、①粘り強さ、②自らの学習の調整、③実践しようとする態度の３側面から評価規準を設定し、評価を行う。評価規準の文末は、情意面の評価であることがわかるよう、「〜しようとしている」と表現するとよい。「自らの学習の調整」は新たに入った考え方であるが、自己の学習プロセスに能動的に関与し方向付ける要素でもあることから、家庭科では「評価・改善しようとしているか」という視点から、その姿を積極的に評価し、児童の自己調整力を高めていきたい。

なお、「学びに向かう力、人間性等」に含まれる「家庭生活を大切にする心情」等は、目標に準拠した評価になじまないことから、その児童のよさや可能性、進歩の状況などを把握する個人内評価として見取り、教師の言葉がけやワークシートへの記述などで児童に適切に伝えることが大切である。

(3) 家庭科の学びを深化させる評価活動の工夫

評価規準が変われば、授業はその実現状況が把握できる方向へと変わり、児童の学びも変わる。平成24年度学習指導要領実施状況調査（小学校家庭、国立教育政策研究所）では、「問題解決的な学習を取り入れた授業」を行った教師の割合は５割程度と低かった。調理や製作では完成させることが目的化している実態もあることから、今回の改善を契機に教師の意識を変え、児童の学びを変える指導と評価に取り組む必要がある。

今後は、学習者主体の授業づくりを中核として、問題解決的な学習のプロセスを重視した評価とともに、自己の課題を可視化し課題解決の見通しをもって学びを積み重ね、学習履歴を概観できる簡便なポートフォリオ評価の工夫も重要であろう。また、問いに基づき既習の知識・技能を活用して総合的な課題解決を目指すパフォーマンス課題とルーブリックの開発、自らの学習の調整にもつながる自己評価や他者評価、相互評価の在り方などについても研究を深め、児童一人一人の学びが質的に高まる評価活動を進めていきたい。

なお、家庭科の学びは、一人一人の生活や価値観が異なるのと同様に、どの場面を切り取っても多様で豊かである。10人いれば10人の多様な解決の方向が生まれる。その豊かな学びを一つの枠に収めてしまうのはもったいない。これからは、個々の学びのよさや考え方のユニークさ、進歩の状況を把握しつつ、新しい価値の創出につながる個人内評価（自己評価、ポートフォリオ評価等）の研究を深めることも重要であろう。

●参考文献

文部科学省『小学校学習指導要領（平成29年告示）解説 家庭編』2017年

文部科学省「小学校、中学校、高等学校及び特別支援校等における児童生徒の学習評価及び指導要録等の改善等について（通知）」2019年

岡陽子「生活をよりよくしようと工夫する資質・能力を踏まえた評価と指導」『学校教育・実践ライブラリVol.2 評価と指導』ぎょうせい、2019年、p.28

岡陽子、三好智恵、「メタ認知に着目した資質・能力型ポートフォリオオ開発と有効性の検証」『佐賀大学大学院学校教育学研究科紀要』第２巻、2018年、pp.1-12

小学校　体　　育

学習指導改善に向けた体育科の評価

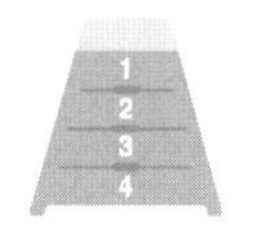

岡出美則

（1）生涯にわたり豊かなスポーツライフを営むために

新学習指導要領において体育科は、「生涯にわたって心身の健康を保持増進し豊かなスポーツライフを実現するための資質・能力を育成すること」を目標として示した。同時に、運動やスポーツを「する・みる・支える・知る」の多様な関わり方と関連付ける「体育の見方・考え方」及び個人及び社会生活における課題や情報を、疾病等のリスクの軽減や生活の質の向上、健康を支える環境づくりと関連付ける「保健の見方・考え方」を働かせることが求められた。ここでは求められる資質・能力は、1）知識及び技能（体つくり運動は運動）、2）思考力、判断力、表現力等、並びに3）学びに向かう力、人間性等を指す。

知識及び技能とは、各種の運動の行い方及び身近な生活における健康・安全についての理解と、基本的な動きや技能を身に付けるようにすることを指す。思考力、判断力、表現力等とは、運動や健康についての自己の課題を見付け、その解決に向けて思考し判断するとともに、他者に伝える力を指す。学びに向かう力、人間性等とは、運動に親しむとともに健康の保持増進と体力の向上を目指し、明るく豊かな生活を営む態度を指す。

このような新学習指導要領についてスポーツ庁は、「できる」「できない」だけではないスポーツの楽しみ方を子供たちに感じてもらうことの大切さ、また「運動が苦手」や「意欲が低い」児童にも配慮した指導の在り方、授業の改善方法を示したものであると強調している。スポーツに対する多様な関わり方を指導内容に即してバランスよく指導し、その成果を評価することが求められると言える。

（2）評価の観点を踏まえた評価規準の記し方とその活用方法

このような三つの指導内容に対応した評価の観点が、1）知識、技能、2）思考・判断・表現、並びに3）主体的に学習に取り組む態度である。これら3観点に対応した、学習活動に即した評価規準は、学習指導要領の解説の例示を参考に作成されることになる。

例えば運動領域の知識の学習活動に即した評価規準は、○○について書き出している、例を挙げていると表記できる。技能のそれは、○○を身に付けているという表記となる。

思考・判断のそれは、○○に関する課題を見付け、その解決のための活動を工夫している、思考し、判断しているといった表記になる。表現に関しては、○○を他者に伝えているという表記となる。なお、運動領域の思考・判断でいう工夫とは、課題の解決方法の選択を想定している。そのため、授業に際しては、課題の解決方法の選択肢の準備が求められる。また、課題を見付けさせる際には、取り組みたい技と技術的課題を区別する必要がある。例えば、開脚前転を課題とするのか、順序よくマットに背中がつくことを課題にするのかを区別することである。また、課題解決に向けて練習の場を選ぶ際にも、自身の課題の解決に適した場を選択しているかどうかを確認することが必要になる。しかし、児童は、より難しい場を選択しがちである。その結果、失敗を繰り返すことも多い。成功できる練習の場を選択できているかどうかを確認することは、評価に際して重要になる。また、他者に伝える際にも、その伝え方をしているのかにも目を向ける必要がある。内容を整理し、表現方法を工夫した、他者がわかりやすい表現が期待される。

主体的に学習に取り組む態度のそれは、楽しさや喜びに触れたり味わったりしているといった表記や、○○に取り組もうとしているという表記となる。楽しく取り組めることが重視されるとともに、あくまで、取り組もうとする態度が問題にされている。しかし、この主体的に学習に取り組む態度には、粘り強い取組を行う中で、自らの学習を調整しようとする側面が求められていることも見過ごせない。学習の改善に向けた取組か否かを加味した評価が重要になる。

（3）学習指導の改善に向けた評価へ

学習指導の改善は、評価の重要な機能である。そのため新学習指導要領の解説は、各運動領域において苦手な児童への配慮と意欲的ではない児童への配慮が記されている。児童が学習成果を上げられない場合、自信や運動能力、人間関係、用具、時間等々、そこには複数の理由が存在しているためである。そのため教師は、生徒と共有した評価規準に即して、児童の学習状況を確認する時間や場面を意図的に設定するとともに、その結果を肯定的にフィードバックしたり、改善に向けた支援を提供したい。しかし、児童へのフィードバックが教師のみに依存する場合、その機会は限られている。そのため自己評価や他者評価の機会も意図的に設定したいものである。

なお、運動領域では、公正や協力などを、育成する「態度」として学習指導要領に位置付けており、各教科等の目標や内容に対応した学習評価が行われることとされている。感性や思いやりは個人内評価の対象であり、三つの観点が評定の対象となるが、指導内容と評価の一体化という観点から児童に豊かな学習成果を保証していくためには、指導内容に対応した形成的な評価を通した授業改善を可能にする評価計画の検討が重要になる。また、この過程では児童と評価規準を共有化する過程が重要になろう。

小学校　外国語

パフォーマンス評価を重要視する

菅　正隆

（1）外国語科の指導のポイント

小学校における外国語は、これまで高学年で行われてきた領域としての外国語活動に代わり、教科として初めて導入されるものである。したがって、指導においては、外国語活動を進化、発展させる必要がある。さらに、取り扱う指導領域は、中学年で行われる外国語活動での「聞くこと」「話すこと（やり取り）」「話すこと（発表）」に「読むこと」「書くこと」が加えられ、５領域を取り扱うことになる。この点だけに注目すると、指導の困難さを感じるかもしれない。しかし、ここがポイントである。高学年では子どもが最も抵抗を感じる「書くこと」や「読むこと」の導入期であることから、無理をせず、楽しく書く、楽しく読む、そして「英語を書いてみたい」「英語を読んでみたい」と感じさせるような初歩的で情意面に訴えるような指導が求められる。そのために、外国語活動の「聞くこと」や「話すこと」が子どもに楽しく受け入れられ、英語そのものに抵抗感を抱かせずに高学年に進級させることが重要である。このことから、学校内での連携が重要になってくる。外国語活動段階で英語嫌いや苦手意識を持たせると、高学年で気持ちをリセットさせることは難しく、以後、英語への関心を持たせることも、苦手意識を払拭することもできずに、英語嫌いを量産することになる。

そこで、今一度確認したい。外国語活動ではコミュニケーションを図る素地を育て、外国語では基礎を育てることが求められる。知識偏重型の授業や教師主導型の授業ではなく、子ども自らが考える活動や体験を通して、コミュニケーション能力の向上を図ることである。そして、これからの英語教育の図（右図）のように、校種ごとに連携を図っていくことが重要になる。

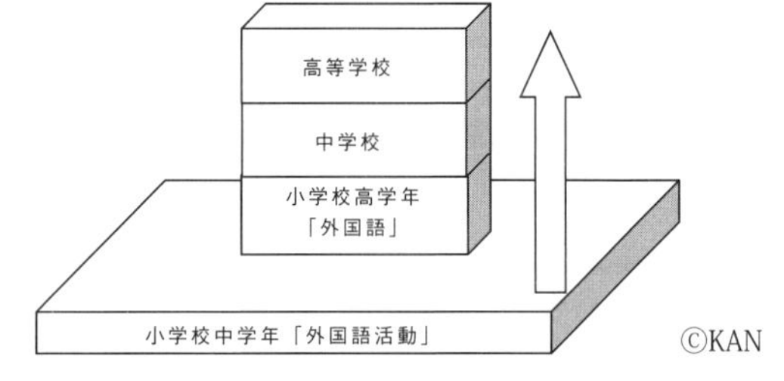

（2）外国語科の学習評価のポイント

外国語は教科となり、評価もこれまでの文章表記から、３段階の評定で表すことになる。これにより保護者や子どもたちの関心もおのずと高くなる。評価に対する期待を裏切らないためにも、普段の指導と一致した評価規準を作成し、様々な活動を通して適切に評価していかなければならない。つまり、評価は「知識・技能」「思考・判断・表現」「主体的に学習に取り組む態度」の３観点で整理し、どの観点を中心に指導し、それに基づいて、どのような評価をするかといった指導と評価の一体化を常に意識しておく必要がある。また、これまでの中・高等学校の英語教育においては、多くの場合、単語や文法などの知識を問うテスト問題で評価を下していたが、今回の学習指導要領では、思考できる子ども、考えられる子どもを育成するために、「思考・判断・表現」の観点を重視した指導が求められ、そのための言語活動を様々設定して評価していくことが必要になる。また、英語に対する苦手意識を持たせないように、個人内評価（児童一人一人のよい点や可能性、進歩状況についての評価）も加味していくことが大切である。

（3）外国語科の評価活動の工夫

小学校においては、評価を行うために、評価対象となるペーパー試験などを行うことは適切ではない。例えば、単語テストや英作文のテストなどは小学生には不向きである。

そこで、「聞くこと」「話すこと」は、学習指導要領の観点からも、実際に子どもたちに活動させて、英語の表現が使えるようになっているのか、積極的に話そうとしているのかなどを見取っていくことが必要になる。このような活動をパフォーマンス活動と呼び、インタビューテストやスピーチ、ショー・アンド・テル、演劇などがそれに当たる。この活動で子どもたちの言語運用能力を判断したり、向上度や積極性などを評価していく。これをパフォーマンス評価と呼ぶ。パフォーマンス活動は、ペーパー試験のように評価の拠り所にはなるが、評価の証拠としては残らない。ある子どもに、「努力を要する」と評価した場合、保護者に「なぜそのような評価になったのか」と尋ねられた場合にどうするか。そこで、それに対応するため、そして、教師自らが評価の確認をするために、パフォーマンス活動は常にビデオに撮って保存しておくことを勧めたい。また、「聞くこと」においては、リスニングテストも可能である。英語を聞いて適切な内容のイラストを選ぶ問題などは子どもたちの聞く力を容易に判断することができる。

一方、「書くこと」は実際に英語を書かせて判断していくことになるが、過度に正確さばかりを求めると、英語嫌いにさせてしまいかねない。子どもにとって「書くこと」は、他の領域よりもハードルが高いことから、楽しく書く状況を作り出すことが重要である。リズミカルに書かせたり、音楽を流しながら書かせるなどの工夫も必要になる。

もちろん、どの活動においても、教師の励ましや褒めの言葉が能力向上や良い評価につながることは明らかなことである。

中学校　国　語

「目標」と「内容」に対応した観点別評価

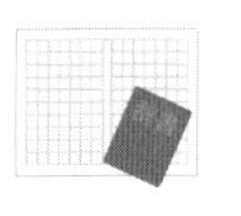

冨山哲也

（1）国語科の目標に照らした評価のポイント

国語科の目標は、「言葉による見方・考え方を働かせ、言語活動を通して、国語で正確に理解し適切に表現する資質・能力を次のとおり育成することを目指す。」とし、続けて、資質・能力の三つの柱に即して、⑴⑵⑶を示している。

「言葉による見方・考え方を働かせ」るとは、国語科の学習においては、国語科ならではの物事を捉える視点や考え方が意識されなくてはならないということを示している。国語科は、言葉を通じた理解や表現及びそこで用いられる言葉そのものを学習対象としている。例えば、社会的な事象や自然の事物・現象を教材として取り上げる場合も、これらの事象そのものが学習対象になるのではない。複雑な事象を言葉を通して理解したり、理解したことに基づいて自分の考えを言葉で表現する資質・能力を身に付けるのが国語科の学習である。また、その過程で生徒が言葉に着目し、言葉に対して自覚的になるように指導することが必要である。

⑴⑵においては、それぞれ、社会生活に必要な国語の特質を理解して使うこと、社会生活における人との関わりの中で伝え合う力を高めることを示し、「社会生活」がキーワードになっている。義務教育終了段階の中学校においては、社会生活に必要な国語の能力を育成することを目指し、それを評価することが重要である。⑶では、言葉が持つ価値に気付くとともに、進んで読書をし、我が国の言語文化を大切にして、思いや考えを伝え合おうとする態度を養うことを示している。

（2）国語科における学習評価のポイント

①「知識・技能」の評価

国語科の内容は、大きく、〔知識及び技能〕と〔思考力、判断力、表現力等〕で構成されている。〔知識及び技能〕は、⑴言葉の特徴や使い方に関する事項、⑵情報の扱い方に関する事項、⑶我が国の言語文化に関する事項の三つのまとまりごとに、育成を目指す資質・能力が指導事項の形で示されている。これらについての学習状況を「知識・技能」の観点で評価する。評価規準の文言は、指導事項を基本として、文末は「〜している」とする。これまでは、学習活動に即して具体的な評価規準を設定することが一般的だったが、今回の改訂では、資質・能力の確実な育成を図るため、指導事項をそのまま使用して評価規準とする。その上で、評価に当たっては、「B（おおむね満足できる状況）の姿の例」を具体的に想定するようにする。

②「思考・判断・表現」の評価

〔思考力、判断力、表現力等〕は、「A話すこと・聞くこと」「B書くこと」「C読むこと」の三つの領域において、指導事項が示されている。これらについての学習状況を「思考・判断・表現」の観点で評価する。評価規準の文言の作り方、評価の考え方は、「知識・技能」と同様である。なお、〔思考力、判断力、表現力等〕に示された資質・能力は、社会生活で必要とされる具体的な言語活動の中で発揮されることが重要である。そのため、言語活動を通して指導し評価することが基本になる。

③「主体的に学習に取り組む態度」の評価

「主体的に学習に取り組む態度」については、該当する指導事項はない。言葉を通じて積極的に人と関わったり、思いや考えを深めたりしながら、言葉に対する意識を高めて行こうとする態度を育成し、それを「粘り強さ」と「自らの学習の調整」の側面で評価する。評価規準の文末は「～しようとしている」とする。

評価規準の文言を作る方法の一つとして、次のことが考えられる。

○「粘り強さ」については、〈積極的に、進んで、粘り強く〉等から適切な語句を選び、他の２観点において特に粘り強さを発揮してほしい内容に続ける。

(例)「積極的に集めた材料を整理し、」

○「自らの学習の調整」については、〈学習の見通しをもって、学習課題に沿って、今までの学習を生かして〉等から適切な語句を選び、自らの学習の調整が必要となる具体的な言語活動に続ける。

(例)「学習の見通しをもって報告しようとしている。」

この二つを合わせて、「積極的に集めた材料を整理し、学習の見通しをもって報告しようとしている。」という評価規準になる。

（3）学びを変える評価活動の工夫

国語科においては、評価の観点が、従前の５観点から３観点になったが、指導事項から評価規準を設定して評価するという基本的な考え方は変わらない。指導事項の内容について、『中学校学習指導要領解説 国語編』の記述を参考に十分理解し、当該学年で重点的に育成すべき資質・能力を明確にして授業を構想する必要がある。その上で、社会生活で必要とされる具体的な言語活動を設定し、生徒が試行錯誤しながら課題を解決する過程で、言語能力を確実に習得・向上させていけるよう指導を展開することが求められる。

中学校 社　会

指導と評価の一体化の一層の深化を図る

工藤文三

（1）社会科の構造的な特色を踏まえた授業の構成

改訂された社会科は各分野とも、それぞれの見方・考え方を働かせ、課題を追究したり解決したりする活動を通して、知識・技能、思考力・判断力・表現力、主体的に学習する態度を育てることを明確にしている。各分野の大項目に該当する内容の授業を構成する際には、次の３点をセットで計画しておくことが必要である。①どのような見方・考え方をどのように働かせるのか、②どのような課題を設定するのか、③学習活動を通じて三つの資質・能力をどこで育成するのか。この３点は新社会科の構造的な特色であり、これらを踏まえた授業構成と評価を適切に進めていくことが求められる。従前の授業構成は、おおむね②を中心に構成されたが、新社会科では、課題を追究・解決する活動において見方・考え方を働かせることにより、各分野特有の着眼点や思考方法を習得させ、生活において生かせるようになることをねらいとしている。

実際の授業の構成は次のような要素から成り立っている。①指導項目の設定、②①における学習課題の設定、③学習活動の計画及び見方・考え方を働かせる場面や方法の設定、③各指導項目におけるねらいとしての知識・技能、思考力・判断力・表現力の整理、④評価場面と評価方法の設定。①や③は学習指導要領及び解説の記載を基本にしながら、教科書の内容を手掛かりに設定する。

（2）見方・考え方をどのように働かせるのか

見方・考え方について、地理的分野及び公民的分野は各項目ごとに「着目して」という形で示されている。歴史的分野は、目標の⑵に示されている「時期や年代、推移、比較、相互の関連や現在とのつながり」として示されており、これらを課題の追究・解決に向けた活動において用いることになる。授業構成においては、「着目して」として示された見方・考え方を学習課題を貫く形で設定することが大切である。例えば、地理的分野の「B　世界の様々な地域」の「⑵ 世界の諸地域」において、②のヨーロッパを取り上げる場合を考えてみよう。ここで主題をEUにおける国家統合とした場合、「空間的相互作用や地域」を見方・考え方の枠組みとして、「EUの成立によって地域の人々の生活はどのように変わったのか」「EUのまとまりはどのようにして行われているのだろうか、また、そこにはどのような課題があるのだろうか」といった課題を設定して学習活動を展開することになる。「着目して」の内容は、当該項目の課題を捉える大きな枠組みであることがわかる。

（3）社会科の学習評価のポイント

社会科の学習評価に当たっては、まず第一に評価の観点の趣旨に示された内容を踏まえることが基本となる。「知識・技能」の趣旨については、従前の「知識を身に付けている」の表現ではなく「理解している」とされた。また、技能については、従前の「適切に選択」及び「効果的に活用」の表現ではなく、「効果的に調べまとめている」とされた。調べ方やまとめ方が「技能」の評価対象となる。「思考・判断・表現」については、「社会に見られる課題の解決に向けて選択・判断したり、思考・判断したことを説明したり、それらを基に議論したりしている」となっていることに留意する。授業が課題を追究・解決する活動として展開される中で、「選択・判断」や「説明」「議論」の場面に着目した評価を進める。「主体的に学習に取り組む態度」については、「課題を主体的に解決しようとしている」姿に着目する。

第二は、「知識・技能」「思考・判断・表現」の実際の評価に当たっては、学習指導要領の「２　内容」の区分を実質的な評価対象とすることである。例えば、歴史的分野の「A」「⑴」「ア」「㈠」では、「資料から歴史に関わる情報を読み取ったり、年表などにまとめたりするなどの技能を身に付けること」と明記されている。「⑴」の学習における「技能」の評価は、ここに示されていることの実現状況を把握する。

第三は、課題を追究・解決する活動が主となることに伴う評価方法の工夫である。課題追究学習においては、学習の見通しを立てて調べたり、まとめたり、議論したり、発表・表現したりする活動が展開される。生徒の学習の流れや成果がわかるようなワークシートを作成したり、ペーパーテストにおいても、学習のプロセスを踏まえた問いを設けたりするなどの工夫をすることが考えられる。

（4）指導と評価の一体化に基づく授業構成

学習指導要領の構成が、目標・内容とも資質・能力で一貫されたことにより、これまで以上に、指導と評価の一体的な展開が求められるようになる。（3）で述べたように、学習指導要領の内容に示されている各項目ごとの資質・能力は、授業の構成においてねらいになると同時に、学習評価の対象としても用いられる。このことは、指導のねらいと評価の対象が指導計画作成の段階で明確であることを意味している。授業の構成においては、ねらいの実現を目指す課題や活動を位置付けると同時に、評価場面や評価方法を予め計画することによって、きめ細かな学習状況の把握と改善に向けた取組が可能になる。

中学校　数　学

各観点の特性を活かした評価の充実を

永田潤一郎

（1）中学校数学科の目標に照らした指導の重点

中学校数学科の教科目標については、その柱書において、数学的な見方・考え方を働かせ、数学的活動を通して実現を図ることとされている。このうち、数学的活動については、従来から中学校数学科において重視されてきたものを「事象を数理的に捉え、数学の問題を見いだし、問題を自立的、協働的に解決する過程を遂行すること」と捉え直すことで、その位置付けをより明確にしている。指導に当たっては、指導内容に応じて生徒が遂行すべき活動を具体化する必要がある。また、数学的な見方・考え方については、『中学校学習指導要領（平成29年告示）解説 数学編』で「数学の学習において、どのような視点で物事を捉え、どのような考え方で思考をしていくのかという、物事の特徴や本質を捉える視点や、思考の進め方や方向性を意味すること」とされており、例として「関数」領域において「一つの数量を調べようとするとき、それと関係が深い他の数量を見いだし、それらの数量との間に成り立つ関係を明らかにし、その関係を利用する」ことが示されている。また、文部科学省初等中等教育局の合田哲雄氏は、その著書の中で、「各教科固有の『見方・考え方』とは、その科目を学ぶことによってできるようになる発想や思考で、社会生活においてより質の高い意思決定を行うに当たって必要となるもの」とした上で、数学的な見方・考え方の例として「因数分解」を挙げ、複雑な事象を因数に分解して考えるという発想は、社会生活においても様々な形で活用されていることを指摘している。

子どもが数学的な見方・考え方を働かせることができる指導を実現するためには、その前提として、指導内容と適合する数学的な見方・考え方を整理し明確化することが必要である。

（2）中学校数学科における学習評価のポイント

①「知識・技能」について

近年、全国学力・学習状況調査では、「数学的な技能」の観点に改善の傾向が見られる一方で、「数量や図形などについての知識・理解」の観点にはいまだに課題が多いことが指摘されている。これまで二つの観点で把握してきたこうした状況を「知識・技能」という一つの観点でどのように評価としてまとめるのかを検討する必要がある。また、特に知識に関しては、深い学びの視点から、個別的な知識の習得と、知識の概念的な理解の状況を捉えるようにしたい。例えば、第１学年における「一次方程式の解の理解」と、３年間の指導を通じての「方程式の解の理解」の状況を区別して捉えることが考えられる。

② 「思考・判断・表現」について

習得した知識・技能を活用して課題を解決するために必要な思考力、判断力、表現力等を身に付けているかどうかを評価するためには、子どもの学習過程における活動を的確に捉える必要がある。解答に至る思考の過程の記述やレポートの作成、発表やグループでの話合いなどを目的に応じて意図的に設定する指導の工夫が求められる。例えば、各単元末にその単元の学び全体を振り返る時間を設け、子どもの気付きを自由に記述させ、その変容を見取ることで、単元や領域、学期等を通じての成長を把握することが考えられる。

③ 「主体的に学習に取り組む態度」について

知識及び技能を獲得したり、思考力、判断力、表現力等を身に付けたりすることに向けた子どもの粘り強い取組の中で、学習内容のよさを見いだそうとしたり、その後の学習に活かそうとしたり、自らの学習を調整しようとしたりしているかどうかを捉え評価することが求められる。例えば、授業における問題解決の過程や解決した後の振り返りの場面で、自らの解決方法を見直し、多面的に考えることを通して、よりよい解決の方法を目指して評価・改善を図ろうとしているかどうかを把握することが考えられる。

(3) 学びを変える評価活動の工夫

実際の評価の場面では、各評価の観点の特性を活かした評価活動を工夫する必要がある。「知識・技能」の観点については「点の評価」を意識し、子どもの学習状況を必要に応じて授業の中でピンポイントに把握し、フィードバックすることを心がけたい。そのためには、小テスト等のペーパーテストを活用したり、実際に知識や技能を用いる場面を設定したりすることが考えられる。

「思考・判断・表現」及び「主体的に学習に取り組む態度」の観点については「線の評価」を意識して、単元や領域、学期、学年など、ある程度長いスパンを見通して子どもの学習状況を把握し、その成長の度合いを評価することを心がけたい。

この際、特に「主体的に学習に取り組む態度」の観点については、他の観点から切り離して特別に評価の場面を設けることなどが適切でないことに注意する必要がある。

●参考文献

文部科学省『中学校学習指導要領（平成29年告示）解説 数学編』日本文教出版、2018年
合田哲雄『学習指導要領の読み方・活かし方』教育開発研究所、2019年

中学校　理　科

理科における指導と評価の一体化

小林辰至

（1）理科の目標に照らした指導の重点

理科の目標の柱書には、「理科の見方・考え方を働かせ、見通しをもって観察、実験を行うことなどを通して」と記されている。「見方・考え方」は、従前の目標では「見方や考え方を養う」と記され、育成する力として捉えられていたのに対して、新学習指導要領では深い学びの鍵として位置付けられている。『中学校学習指導要領（平成29年告示）解説 理科編』（以下、「解説」）では、理科の「見方・考え方」を「自然の事物・現象を、質的・量的な関係や時間的・空間的な関係などの科学的な視点で捉え、比較したり、関係付けたりするなどの科学的に探究する方法を用いて考えること」と説明している。また、各分野の「内容の取扱い」には、これらの他に「原因と結果」「定性的な関係」「定量的」「共通性と多様性」などが記されており、これらも理科の「見方・考え方」として捉えることができる。

指導に当たっては、理科の「見方・考え方」をどのように働かせて、観察や実験などに取り組ませるかが鍵となる。中学校理科の実験では、実験条件とそれに伴う変化との間には因果関係がある。したがって、例えば「ばねに加える力とばねののび」の関係を見いだして理解する実験では、「原因と結果」の「見方・考え方」を働かせることで、ばねに加える力（原因）とばねののびの変化（結果）が関係付けられて、結果の見通しがもてるようになる。他方、中学校理科の因果関係を前提としない事物・現象を対象とする観察では、「原因と結果」の見方・考え方を働かせる場面はない。観察で働かせる「見方・考え方」としては、「比較」や「関係付け」などが考えられる。

（2）理科における学習評価のポイント

柱書を受けて、「知識及び技能」については「自然の事物・現象についての理解を深め、科学的に探究するために必要な観察、実験などに関する基本的な技能を身に付けるようにする」こと、「思考力、判断力、表現力等」については「観察、実験などを行い、科学的に探究する力を養う」こと、「学びに向かう力、人間性等」については「自然の事物・現象に進んで関わり、科学的に探究しようとする態度を養う」ことが示されている。

「知識及び技能」というと、例えば子房や胚珠などの名称の暗記と再生など、「知っている・できるレベルの学力」を想起しがちであるが、ここで重視されているのは、知識の概念的な理解、つまり「わかるレベル」の学力の習得である。評価の観点が「知識・理解」と「技能」が統合されて「知識・技能」となったが、「理解」の重要性は変わらない。

「思考・判断・表現」の評価は、課題を解決するなどのために必要な思考力、判断力、表現力等を身に付けているかどうかを評価する。理科の学習は観察や実験などの探究の過程において、複数の知識・技能を活用して意思決定や問題解決などを行うことから、「使える」レベルの思考力、判断力、表現力等を日常的に育成していると言える。指導と評価に当たっては、各々の観察や実験について、どのような力が育めるかを「解説」のp.9に示されている「理科における資質・能力の例」などを手がかりに検討し、評価の規準と基準を設定しておく必要がある。「思考・判断・表現」の評価は規準や基準に基づいて、レポートに記された実験の目的・仮説・結果・考察・結論などの文章、表、グラフなどについて行い、評価の結果の根拠とすることなどが考えられる。

「学びに向かう力、人間性等」は、「主体的に学習に取り組む態度」を評価する。「主体的に学習に取り組む態度」は、知識及び技能を習得したり、思考力、判断力、表現力等を身に付けたりするために、粘り強い取組を行おうとする側面と、粘り強い取組を行う中で、自らの学習状況を把握し、学習の進め方について自らの学習を調整しようとする側面を評価することが求められる。

理科では、観察、実験などに粘り強く取り組みながら、設定した仮説は検証が可能か、条件制御は適切か、測定の仕方は適切か、考察や得られた結論に飛躍はないかなど、探究の過程を振り返るなどしながら学習を調整しようとしているかを評価する。なお、「知識・技能」や「思考・判断・表現」の観点が十分満足できるものであれば、基本的には、学習の調整も適切に行われていると考えられる。

（3）学びを変える評価活動の工夫

実験では、「解説」に「理科における資質・能力の例」として示された力を、基本的にはすべて使うフルコースの学習になる。一方、観察では仮説の設定が必要ないなど、実験の探究過程とは異なるものもあることから、示された力の一部を使うアラカルトの学習になる。したがって、年間を見通して、どの学年のどの観察、実験で「課題を設定する力」「仮説を設定する力」「観察・実験の計画を立案する力」などを重点的に指導・評価するのかについて、カリキュラム・マネジメントの視点で計画を立てておくことが必要であり、このような取組が指導と評価の一体化ならびに学びを変える評価の実現につながる。

●参考文献

市川伸一編集『速解 指導要録と「資質・能力」を育む評価』ぎょうせい、2019年、pp.34-55
文部科学省『中学校学習指導要領（平成29年告示）解説 理科編』学校図書、2017年

中学校　音　楽

中学校音楽科の学習評価――感動を導くために――

宮下俊也

（1）中学校音楽科の責務

音楽経験は、感動することがその究極だと思う。幼少期からの様々な感動体験が人間性や生き方などに大きな影響をもたらすことは、私たち自身の人生を振り返ればわかることだろう。「みずみずしい感性や情緒をもつ中学生に、毎時間、音楽によって感動を経験させたい」。これが授業の究極の願いである。そのために、目標を掲げ、指導内容や方法を決め、実践し、評価をする。それがうまくいけば、生徒自身の人生を幸せにすることと、幸せな社会をつくっていく人材育成という、音楽科の責務が果たせるものと思われる。

（2）音楽科の目標に照らした指導のポイント

中学校音楽科で育成を目指すものは、「生活や社会の中の音や音楽、音楽文化と豊かに関わる資質・能力」である。そのために、「知識及び技能」「思考力、判断力、表現力等」「学びに向かう力、人間性等」（「資質・能力の三つの柱」）を、「音楽的な見方・考え方」を働かせ、「主体的・対話的で深い学び」によって培っていく。教科や各学年の目標もこの三つに分けて示されている。それらについて指導のポイントを簡潔に述べる。

①　**「知識及び技能」**　ここで求める知識は、表現や鑑賞のために必要となる「曲想と音楽の構造や背景などとの関わり及び音楽の多様性」についての知識である。技能は、創意工夫を生かした音楽表現をするために必要となる技能である。このように、どちらについても、それを習得することの「意味」がある。この「意味」（「……のために必要」の部分）をきちんと生徒に納得させなければならない。そうしないと、感動を求めるはずの音楽学習が、生徒にとってはたちまちつまらないものになってしまう恐れがある。

②　**「思考力、判断力、表現力等」**　この三つもまた、音楽表現を創意工夫することや、音楽のよさや美しさを味わって聴くために必要となるものである。創意工夫したり、よさや美しさといった音楽の価値を判断したり、それを仲間や教師に対して表現することは、音楽活動と密着させて指導していくことが重要だ。歌っては考え、考えてはまた歌う……、というように。

③ **「学びに向かう力、人間性等」** 中学校音楽科の教科目標には、「学びに向かう力、人間性等」として、「音楽を愛好する心情」「音楽に対する感性」「音楽に親しんでいく態度」「豊かな情操」が掲げられている。小学校で「音楽に親しむ」となっているものが、中学校では、「音楽に親しんでいく」となっていることから、生涯にわたってその態度が持続・発展していくように指導を進めることがポイントとなる。

（3）学習評価のポイントと学びを変える評価活動の工夫

指導と評価は、どちらも目標の実現を目指して行うものである。評価の結果は、教師自身に対しては指導の改善に、生徒に対しては成果を賞賛したり今後の学習改善を求めたりするために、さらなる目標の実現に向けてフィードバックさせる。これにより「指導と評価の一体化」が図られる。単に「評価」ではなく、「学習評価」という語の意味はそこにある。また、「学びを変える」ということは、学ぶことの楽しさや学んで得た達成感や感動を基盤として、さらに新たな学びや学び方を求めていくことである。学習評価としての適切なフィードバックは学びを変えるために機能し、より深い学びと新たな感動を導く。では中学校音楽科の学習評価はどのように行ったらよいのか、観点別にポイントを示す。

① **観点「知識・技能」** これは、「知識及び技能」の目標に対して実現を確認する観点である。目標では「A（知識）を理解するとともに、B（技能）を身に付ける」と掲げられているとおり、知識と技能はともに関わらせながら指導していく（表現領域）。しかし評価においては、知識と技能は分けて確認することがポイントとなる。

② **観点「思考・判断・表現」** これは、「思考力、判断力、表現力等」の目標に対して実現を確認する観点である。思考するものは、知覚したこと（音楽を形づくっている要素や要素同士の関連）と感受したこと（要素や要素同士の働きが生み出す特質や雰囲気）との関わり、判断するものは、表現についての思いや意図・音楽の価値（よさや美しさ）、表現するものは、思考と判断の結果である。評価においては、このそれぞれができているかどうか、そしてこの三つが整合しているかどうかを、学習の過程やワークシートなどで見取っていくことがポイントとなる。

③ **観点「主体的に学習に取り組む態度」** これは、「学びに向かう力、人間性等」の目標に対して実現を確認する観点であるが、観点別評価の対象になるものは、「音楽活動を楽しんでいるか」「主体的・協働的に学習活動に取り組もうとしているか」の２点である。そこでは、粘り強く取り組む側面と自ら学習を調整しようとする側面を一体的に見ていく。「音楽を愛好する心情」「音楽に対する感性」「豊かな情操」は個人内評価としてその成長を授業の中で的確に見取り、言葉かけや通知表などで生徒や保護者に伝えていく。また指導要録では「総合所見及び指導上参考となる諸事項」に記載するとよい。

中学校　美　術

中学校・美術における指導と評価の一体化

福本謹一

(1) 美術科の教科目標と指導・評価のポイント

新学習指導要領では、教育課程全体で、教科の目標や内容が育成する資質・能力の三つの柱、すなわち⑴「知識及び技能」、⑵「思考力、判断力、表現力等」、⑶「学びに向かう力、人間性等」で整理された。美術科でも、これらの柱に対応して学習目標を設定して学習指導を改善・充実させるとともに、観点別学習状況評価の観点に基づいた確かな評価が求められる。

美術の教科目標は、美術が何を学ぶ教科なのかを明確にし、具体的に育成する資質・能力を上記の三つの柱に位置付けている。目標⑴の「知識及び技能」は、造形的な視点を豊かにするために必要な知識と、表現における創造的な技能に関するものである。「知識」は〔共通事項〕、「技能」は「Ａ表現」⑵（創造的に表現する技能）の指導事項に位置付けられており、これは、評価の観点「知識・技能」に対応する。〔共通事項〕」は、「Ａ表現」及び「Ｂ鑑賞」の学習において造形的な視点を豊かにするために造形の要素に着目して部分を見ることと、全体を大きく見て捉えることを理解しているかどうか、「技能」は、表現方法を創意工夫し、創造的に表すことができるかどうかが評価のポイントとなる。

目標⑵の「思考力、判断力、表現力等」は、表現における発想や構想と、鑑賞における見方や感じ方などの育成に関わるものであり、「Ａ表現」⑴（発想や構想）及び「Ｂ鑑賞」⑴（鑑賞）の指導事項に位置付けられている。評価の観点「思考・判断・表現」と対応して、「発想や構想」に関しては、主題や表現の意図に応じて様々な技法を用いるなど工夫をして自分なりの表現方法を見つけ出しているかどうかが評価のポイントとなる。「鑑賞」では、美術（自然美を含む）や美術文化に対する見方や感じ方を深めることができているかどうかが問われる。

目標⑶の「学びに向かう力、人間性等」は、評価の観点では「主体的に学習に取り組む態度」として示されており、「Ａ表現」及び「Ｂ鑑賞」、〔共通事項〕を指導する中で一体的、総合的に評価するものである。感性、情操など観点別学習状況の評価になじまないものについては、個人内評価とするものである。

(2) 美術科における学習評価の在り方

美術科における評価は、「数値化する評定は、美術にはなじまない」「教師によって評定が変わる」といったように評価の妥当性や信頼性が問われることもあった。特に表現における造形作品の出来栄えを教師の主観だけで評価しているのではないかと疑念を抱かれてきた面もある。こうした不信感を払拭するためにも、指導改善に即して評価の在り方や評価方法を見直すことは、教科としての価値を強化する上でも重要である。

授業は、本来生徒の学びを支え、すべての生徒がその目標を実現できるように学習を構想することが基本であり、評価は、その目標に掲げた資質・能力の実現状況の把握を目指すものである。そのため表現学習の最終的な形態である作品を主な評価対象とするのではなく、造形学習に向かう生徒の「主体的に学習に取り組む態度」などを授業観察によって見取ることはもちろん、発想や構想を促すなどの学習支援ツールであると同時に実現状況確認のための評価ツールにもなる学習カードやワークシートを工夫することによって、主題の創出の確認、困難点の把握、知識・技能の構造化の有無、自己課題の確認などにつなげることも重要である。すなわち、作品や定期試験などの学習の総括的な評価のみならず、学習プロセス全体に関わるより動的な評価を目指すことが望ましい。

具体的な指導計画の際には、表現及び鑑賞活動を通した生徒個々の資質・能力の育成を目指す評価規準の設定、学習目標に基づく授業プロセスに沿った逐次評価、対話的な学びを促す自己評価と他者相互評価の組み込みなどが求められる。授業（題材）で育成する資質・能力の三つの柱を基軸に学習目標と評価の観点を一体的に示して、学習の流れに沿った実現状況を把握して、不十分な生徒には、個別指導を適切に行い、最終的にすべての生徒が学習目標を実現するよう指導することが大切である。

(3) 学びを変える学習指導と評価の改善に向けて

今回の美術科の学習指導要領の改訂の特徴は、資質・能力の三つの柱の他に、教科の特質を反映した「造形的な見方・考え方」を示したこと、「主題を生み出す」ことを「A表現」(1)のア、イの両方で示したこと、〔共通事項〕を前述のように造形的な視点を豊かにするための知識として整理したこと、「主体的・対話的で深い学び」の実現に向けて授業の改善を期待していることなどがある。こうした点を踏まえて学習指導と評価の一体化を心がける必要がある。

美術科が育成しようとする資質・能力には、感性や想像力が含まれており、定量的な評価が困難な部分があることは確かである。しかし、これらも含めて評価につなげるための指導内容・方法の工夫や改善が求められている。生徒個々の資質・能力を向上させることを第一義にした授業内容や授業過程を工夫し、評価活動を充実させたいものである。

中学校　保健体育

保健体育科の学習評価のポイント

今関豊一

(1) 保健体育科の目標に照らした指導の重点

①　保健体育科における目標、指導の重点[1]

保健体育科の目標では、「体育や保健の見方・考え方」「学習過程」「資質・能力」に重点を置くことが考えられる。指導の重点としては、目標を踏まえつつ見方・考え方として「何を教えるか」、学習過程として「どのように学ぶか」、資質・能力として「何ができるか」に置くことが求められよう（右図は体育と保健のイメージ）。

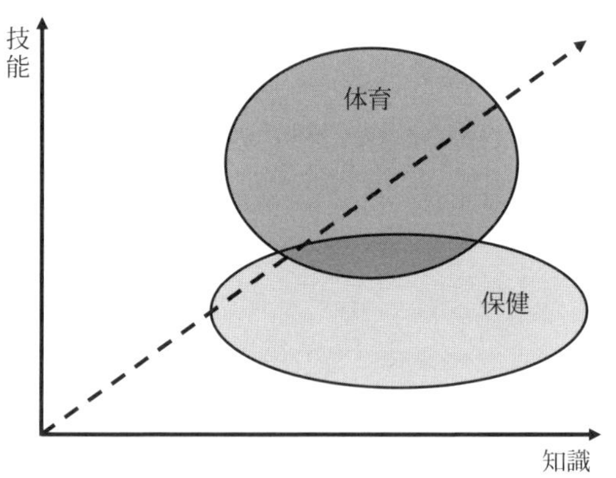

②　保健体育科の見方・考え方

体育は「運動の技能」と「知識（動き）」の立ち位置で、保健は「健康に関する原則や概念」の立ち位置で「見方」を捉えることができよう。体育と保健は、重なり合う部分があり身体や健康の「認識形成」の点で共通している[2]。体育の「身体」から見える「健康」の角度（逆向きは保健で同じ）が「考え方」となろう。

(2) 保健体育科における学習評価のポイント

学習評価は、授業づくりでほぼ決まってしまうであろう。出口の子どもの学びの姿が現れるように学習内容、活動や方法、教材などを配列して学習評価を行う。例えば、内容の知識を先に示すか、マスクにして後に示すかといったことを吟味して思考・判断の学習過程を組み立て、学習の調整と粘り強さで主体的に学習に取り組む態度の評価を行う。また、評価規準と学習過程は目標に準拠したものとなるようにする。

評価は、何を学んだかの学習評価と、個人内評価の対象となる評価は区別する。特に、指導要録等への記入は、内容のまとまりごとの評価は各教科の学習の記録に、感性や思いやり、進歩の状況などは総合所見及び指導上参考となる諸事項とすることに注意する。

（3）単元構成について

下に、小学校４年生（６時間完了）の単元構成案を示した。学習過程を45分間のタテと単元６時間のヨコで構成している。第３時と第５時は１時間のタテで思考・判断することを意図している。「もんだい（問題）の把握」→「（自分で）予想する」→「確かめる①」→「考えの修正をする」→「話し合う」→「確かめる②」→「振り返る」を学習過程としている。ヨコの６時間は、第１時と第２時を第３時のボールから離れる動きを思考・判断して学習する基礎として、学習規律、ボール操作、運動の学習の行い方、スタート位置や交代の仕方などの学習を位置付けている。第４時は第５時の空いているところに動くことを思考・判断して学習する基礎とし、第６時のまとめで資質・能力の育成を目指す構成とした。

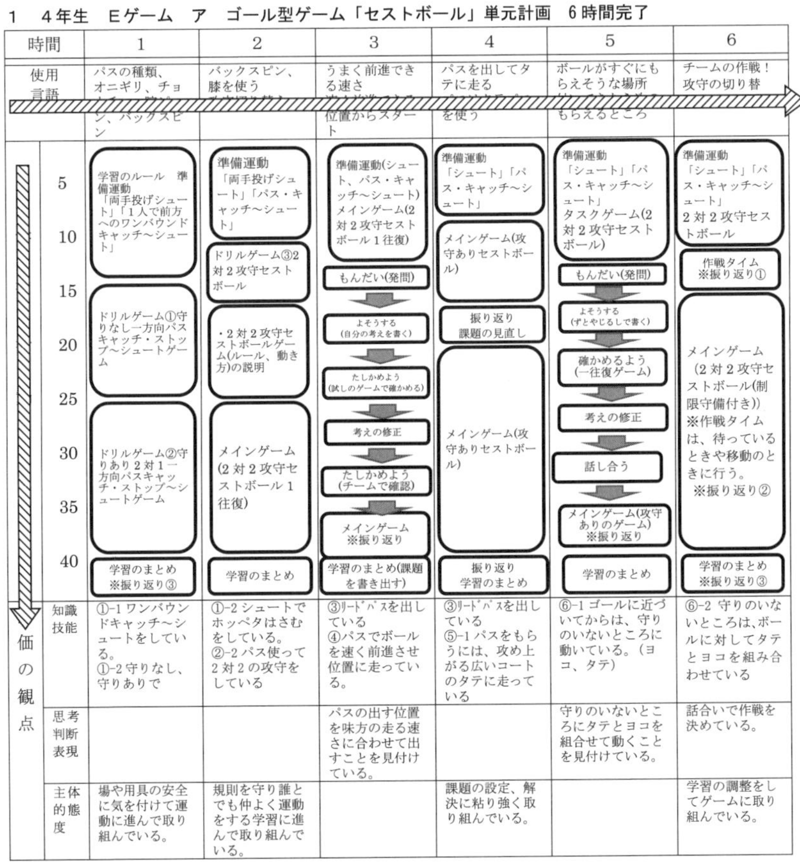

1　4年生　Eゲーム　ア　ゴール型ゲーム「セストボール」単元計画　6時間完了

時間		1	2	3	4	5	6
使用言語		パスの種類、オニギリ、チョ[illegible]ン、バックスピン	バックスピン、膝を使う[illegible]	うまく前進できる速さ[illegible]位置からスタート	パスを出してタテに走る[illegible]を使う	ボールがすぐにもらえそうな場所[illegible]もらえるところ	チームの作戦！攻守の切り替
	5 10 15 20 25 30 35 40	学習のルール　準備運動「両手投げシュート」「１人で前方へのワンバウンドキャッチ～シュート」 ドリルゲーム①守りなし一方向パスキャッチ・ストップ～シュートゲーム ドリルゲーム②守りあり２対１一方向パスキャッチ・ストップ～シュートゲーム 学習のまとめ ※振り返り③	準備運動「両手投げシュート」「パス・キャッチ～シュート」 ドリルゲーム③2対２攻守セストボール ・２対２攻守セストボールゲーム(ルール、動き方)の説明 メインゲーム(２対２攻守セストボール１往復) 学習のまとめ	準備運動(シュート、パス・キャッチ～シュート)メインゲーム(2対２攻守セストボール１往復) もんだい(発問) よそうする(自分の考えを書く) たしかめよう(試しのゲームで確かめる) 考えの修正 たしかめよう(チームで確認) メインゲーム ※振り返り 学習のまとめ(課題を書き出す)	準備運動「シュート」「パス・キャッチ～シュート」 メインゲーム(攻守ありセストボール) 振り返り 課題の見直し メインゲーム(攻守ありセストボール) 振り返り 学習のまとめ	準備運動「シュート」「パス・キャッチ～シュート」タスクゲーム(2対２攻守セストボール) もんだい(発問) よそうする(ずとやじるしで書く) 確かめるよう(一往復ゲーム) 考えの修正 話し合う メインゲーム(攻守ありのゲーム) ※振り返り 学習のまとめ	準備運動「シュート」「パス・キャッチ～シュート」２対２攻守セストボール 作戦タイム ※振り返り① メインゲーム（２対２攻守セストボール(制限守備付き)）※作戦タイムは、待っているときや移動のときに行う。※振り返り② 学習のまとめ ※振り返り③
価の観点	知識技能	①-1 ワンバウンドキャッチ～シュートをしている。 ①-2 守りなし、守りありで	①-2 シュートでホッペタはさむをしている。 ②-2 パス使って２対２の攻守をしている	③ﾘｰﾄﾞﾊﾟｽを出している ④パスでボールを速く前進させ位置に走っている。	③ﾘｰﾄﾞﾊﾟｽを出している ⑤-1 パスをもらうには、攻め上がる広いコートのタテに走っている	⑥-1 ゴールに近づいてからは、守りのいないところに動いている。（ヨコ、タテ）	⑥-2 守りのいないところは、ボールに対してタテとヨコを組み合わせている
	思考判断表現			パスの出す位置を味方の走る速さに合わせて出すことを見付けている。		守りのいないところにタテとヨコを組合せて動くことを見付けている。	話合いで作戦を決めている。
	主体的態度	場や用具の安全に気を付けて運動に進んで取り組んでいる。	規則を守り誰とでも仲よく運動をする学習に進んで取り組んでいる。		課題の設定、解決に粘り強く取り組んでいる。		学習の調整をしてゲームに取り組んでいる。

※本単元計画は、「学術研究助成基金助成金（基盤研究C　ボール運動領域・ゴール型、保健領域・運動と健康における縦断的・追跡的研究、平成29年度～平成31年度、課題番号17K01661」で開発した授業の一部である。

●注

1　文部科学省『中学校学習指導要領（平成29年告示）解説 保健体育編』東山書房、2018年

2　今関豊一「第９節 健康・スポーツへの実践力を育てる体育・保健体育科」日本教科教育学会編『今なぜ、教科教育なのか、教科の本質を踏まえた授業づくり』文溪堂、2015年、pp.75-80

中学校　技術・家庭〈技術分野〉

技術分野の学習評価のポイント

古川　稔

（１）技術分野の目標に照らした学習指導の要点

今回改訂された学習指導要領では、教科の目標や内容が育成を目指す資質・能力の三つの柱「知識及び技能」「思考力、判断力、表現力等」「学びに向かう力、人間性等」に対応して示されている。技術分野の目標は以下のとおりである。

> 技術の見方・考え方を働かせ、ものづくりなどの技術に関する実践的・体験的な活動を通して、技術によってよりよい生活や持続可能な社会を構築する資質・能力を次のとおり育成することを目指す。
>
> ⑴　生活や社会で利用されている材料、加工、生物育成、エネルギー変換及び情報の技術についての基礎的な理解を図るとともに、それらに係る技能を身に付け、技術と生活や社会、環境との関わりについて理解を深める。
>
> ⑵　生活や社会の中から技術に関わる問題を見いだして課題を設定し、解決策を構想し、製作図等に表現し、試作等を通じて具体化し、実践を評価・改善するなど、課題を解決する力を養う。
>
> ⑶　よりよい生活の実現や持続可能な社会の構築に向けて、適切かつ誠実に技術を工夫し創造しようとする実践的な態度を養う。

目標の冒頭の「技術の見方・考え方」については、以下のように示されている。

> 生活や社会における事象を、技術との関わりの視点で捉え、社会からの要求、安全性、環境負荷や経済性などに着目して技術を最適化すること。

技術の目的は、ものづくりなどを通して人々の生活を便利で豊かにすることである。近年行われてきたものづくりや技術開発では経済性を最優先する傾向にあったが、開発された技術を利用する際に様々な事故や環境汚染が生じたことから、最近では安全や環境への影響をより重視するようになってきた。技術の見方・考え方は、社会からの要求、安全性、環境負荷や経済性といったトレードオフの関係にある条件に折り合いを付け、実現可能な解を得ることであるが、どの条件をどの程度重視するかは場所（国や地域）や時代によって異なるため、得られる解も場所や時代により変わる。

技術分野の学習の第一歩は技術の見方・考え方に気付かせることであり、その効果的な方法として、過去に開発された技術の具体例（例えば、日本古来の建築物、エンジン、作物の品種改良など）を示し、開発された場所や時代の背景、さらに開発者の思考をたどることが考えられる。この学習の中で、技術には人々の生活を便利で豊かにするプラスの面と予期せぬ事故や環境汚染などのマイナスの面があることや、マイナスの面を改善するためにはさらなる技術の進歩が欠かせないことを理解させることも重要である。

技術分野の課題解決学習で肝要なことは、生徒自らに生活や社会の中から技術に関わる問題を見いださせ、課題を設定させ、解決策を構想させることである。このことが、知的財産を創造・保護・活用しようとする態度や使用者・生産者の安全に配慮した設計・製作といった倫理観を育み、適切かつ誠実に技術を工夫し創造しようとする実践的な態度につながるものと考える。

要約すると、技術分野の目的は、技術の見方・考え方に気付かせ、実践的・体験的な課題解決学習を経て、社会に出て通用するより高度な見方・考え方を習得させることである。

（2）技術分野における学習評価のポイント

今回改訂された学習指導要領では、目標に準拠した評価に従い、評価の観点が４観点から３観点に改められた。評価の基本構造は「知識・技能」「思考・判断・表現」及び「主体的に学習に取り組む態度」の３観点と、「感性、思いやりなど」で構成されており、観点ごとに生徒の学習状況を分析的に捉え、ABCの３段階で評価し、観点別学習状況の評価結果を総括して５段階の評定として示すこととされている。今回の改訂で注目すべき点の一つに、入学者選抜において評定重視から観点別評価重視の方向へ一歩進めるために、調査書等に評定だけでなく、観点別評価の結果も示すことになったことが挙げられる。

改訂後の「知識・技能」「思考・判断・表現」の二つの観点は、改訂前の「知識・理解」「技能」「思考・判断・表現」の三つの観点に対応しており、評価項目も大きくは変わらず、生徒の最終的な学習の成果により判定することが可能である。一方、「主体的に学習に取り組む態度」では、「①粘り強く学習に取り組む態度」と「②自らの学習を調整しようとする態度」という二つの側面を評価することが求められている。この観点からの評価は、「知識・技能」「思考・判断・表現」の各項目と切り離して評価できるものではなく、表１に示すような各項目に取り組む態度として評価することが適当である。この方法によれば、きめ細かな評価が可能となり、時間ごとではなく単元ごとの評価を行うことによって教師の負担が過度になることは防げるものと考える。

「思いやりなど」の評価は、グループで活動を行わせることにより可能となる。また、

表１　主体的に学習に取り組む態度

	知識	技能	思考	判断	表現
①　粘り強く学習に取り組む態度					
②　自らの学習を調整しようとする態度					

入学者選抜に用いる調査書等の資料となるよう、「生徒一人一人の進歩の状況」については、指導要録や通知表に記述することが必要である。

技術分野では、実践的・体験的な活動を重視するあまり、「ものづくり」や「プログラミング」が目的となり、学習評価も製作物の完成度にウェイトを置き過ぎる例が見られる。実践的・体験的な活動はあくまで手段であり、最終目的は「社会を生きていくためのより高度な技術の見方・考え方の習得」である。そのためには、実践的・体験的な活動を通して得られた「知識・技能」「思考・判断・表現」「主体的に学習に取り組む態度」の達成度とそこに至るプロセスの評価にウェイトを置くことが求められる。

（３）技術分野の学習指導の改善

ものづくりなどの体験的な学習活動には多くの生徒が強い興味を示す。しかし、学習の各段階での活動がうまくいかなければ、生徒は興味を持続し粘り強く取り組み続けることはできない。興味を持続させるためには、活動の中で数多くの成功を体験させることができるよう、教師は生徒の実態をよく把握し、製作題材を基本的なものから応用を要するものへ、段階的に設定する必要がある。

技術分野では、ものづくりやプログラミングなどの製作題材ごとに単元設定がなされることが多い。各単元では、何を身に付けさせるのかを明確に示し、学習の見通しを持たせるとともに、振り返り（自己評価）を行わせることが重要である。見通しと振り返りができる生徒は活動の効率が良く、製作物の完成度も高い。見通しを持つことが得意でない生徒には、見通しができている生徒の活動や意見を参考にして、自身の活動を振り返り、次の改善に結び付けることができるように、グループでの製作やディスカッションを仕組むことが適当である。また、教師はグループや個人の活動によく目を配り、見通しが持てていない場合には、適切に指導することが必要である。

授業では常に学習評価を意識しておかなければならないが、学習評価は生徒の学習改善と教師の指導改善につながることが肝要であるので、評価することが授業の目的にならないように注意しなければならない。また、評価結果に生徒や保護者から疑問が持たれないように、各単元において、どのような項目についてどのような方法で評価するのかを生徒たちに周知しておくことも必要である。

中学校　技術・家庭〈家庭分野〉

問題解決のプロセスを踏まえた指導と評価の充実

岡　陽子

（1）家庭分野の目標に照らした指導の重点

家庭分野の目標では、目指す資質・能力を「よりよい生活の実現に向けて、生活を工夫し創造する」とし、その資質・能力の三つの柱である「知識及び技能」「思考力、判断力、表現力等」「学びに向かう態度、人間性等」が具体的に示された（表１）。

表１　中学校技術・家庭科（家庭分野）の目標

> 生活の営みに係る見方・考え方を働かせ、衣食住などに関する実践的・体験的な活動を通して、よりよい生活の実現に向けて、生活を工夫し創造する資質・能力を次のとおり育成することを目指す。
> ⑴　家族・家庭の機能について理解を深め、家族・家庭、衣食住、消費や環境などについて、生活の自立に必要な基礎的な理解を図るとともに、それらに係る技能を身に付けるようにする。
> ⑵　家族・家庭や地域における生活の中から問題を見いだして課題を設定し、解決策を構想し、実践を評価・改善し、考察したことを論理的に表現するなど、これからの生活を展望して課題を解決する力を養う。
> ⑶　自分と家族、家庭生活と地域との関わりを考え、家族や地域の人々と協働し、よりよい生活の実現に向けて、生活を工夫し創造しようとする実践的な態度を養う。
> （下線は筆者による）

これらの資質・能力は、生活の課題発見→解決方法の検討・計画→課題解決に向けた実践活動→評価・改善という一連の学習活動の中で育まれ、この学びの過程において、個別の知識・技能は活用できる知識・技能へと高まり、思考力・判断力・表現力もより精緻化すると捉えることができる。

したがって、これらの資質・能力を育成するためには、形成的評価の意義を踏まえ、問題解決的な学習の各プロセスを捉えつつ、生徒の学習状況の把握に基づく学習や指導の改善・充実が重要な鍵となる。すなわち、指導と評価の一体化を図りつつ、生徒が教材との新しい出会いの中に生活の課題を発見し、見通しを持って主体的に学び、個々の課題意識のもとに多様な解決策を創出できる家庭分野の指導と評価の工夫が求められている。

（2）家庭分野における学習評価のポイント

評価の観点は、資質・能力の三つの柱に対応して、「知識・技能」「思考・判断・表現」「主体的に学習に取り組む態度」の３観点となった。その趣旨は表２のとおりである。

「知識・技能」は、理解に基づく技能を評価することが重要となる。技能に係る評価規

表２　中学校技術・家庭科（家庭分野）の「評価の観点及びその趣旨」

観　点	趣　　旨
知識・技能	家族・家庭の基本的な機能について理解を深め、生活の自立に必要な家族・家庭、衣食住、消費や環境などについて理解しているとともに、それらに係る技能を身に付けている。
思考・判断・表現	これからの生活を展望し、家族・家庭や地域における生活の中から問題を見いだして課題を設定し、解決策を構想し、実践を評価・改善し、考察したことを論理的に表現するなどして課題を解決する力を身に付けている。
主体的に学習に取り組む態度	家族や地域の人々と協働し、よりよい生活の実現に向けて、課題の解決に主体的に取り組んだり、振り返って改善したりして、生活を工夫し創造し、実践しようとしている。 注；観点別評価になじまない心情などについては、個人内評価として見取るようにする。

準の文末は、「〜について理解しているとともに、適切にできる」などの表現に揃えるとよい。評価に当たっては、問題解決的な学習の過程で、個別の知識・技能の実現状況を把握することに加えて、活用できる概念や技能となっているかを評価することも重要となる。そのためには、活用できる概念等を評価できる場面（パフォーマンス課題等）の設定や、概念を問うワークシートやペーパーテストなどを工夫する必要がある。

「思考・判断・表現」は、学習過程の４段階（①問題の中から課題を設定する、②様々な解決方法を考える、③実践等を評価・改善する、④考えたことを表現する）に沿って各評価規準を設定し、実現状況を評価する。評価規準の文末は、「〜○○している」と表現するとよい。評価に当たっては、①題材の始めに自分の生活の中から問題を発見し課題を設定する場面を作ってその実現状況を評価したり、②知識・技能を活用して課題を解決する場面（パフォーマンス課題等）を設定して考え工夫する力を評価したり、③課題解決の結果を振り返り評価・改善する状況を評価したり、④課題解決の一連の活動を振り返って表現する力を評価したりするなど、課題解決の四つの場面を適切に捉えて評価する必要がある。各場面の評価規準としては、①「○○について問題を見いだして課題を設定している」、②「○○について、考え、工夫している」、③「課題解決のための○○について、実践を評価したり改善したりしている」、④「○○についての課題解決に向けた一連の活動について、考えたことをわかりやすく表現している」などが考えられる。

「主体的に学習に取り組む態度」は、①粘り強さ、②自らの学習の調整、③実践しようとする態度の３側面から評価規準を設定し、評価を行う。評価規準の文末は、情意面の評価であることがわかるよう、「〜しようとしている」と表現するとよい。「自らの学習の調整」は新たに入った概念であるが、自己の学習プロセスに能動的に関与し方向付ける要素でもあることから、家庭分野では「評価・改善しようとしているか」という視点から、その姿を積極的に評価し、生徒の自己調整力を高めていきたい。

なお、「目標に準拠した評価」になじまない心情などについては、その生徒のよさや可能性、進歩の状況などを把握する「個人内評価」として見取り、教師の言葉がけやワークシートへの記述などで生徒に適切に伝えることが大切である。

（3）家庭分野の学びを深化させる評価活動の工夫

平成25年度学習指導要領実施状況調査（中学校技術・家庭、国立教育政策研究所実施）では「問題解決的な学習を取り入れた授業」を「行っている」と回答した教師の割合は約２割、「どちらかといえば行っている」と回答した教師の割合が約５割であり、問題解決的な学習に基づく指導が十分に行われているとは言えない。今回の改善を契機に教師の意識を高め、生徒の学びを変える指導と評価に取り組む必要がある。

今後は、学習者主体の授業づくりを中核として、問題解決的な学習のプロセスを重視した評価とともに、自己の課題を可視化し課題解決の見通しを持って学びを積み重ね、学習履歴を概観できる簡便なポートフォリオ評価の工夫も重要であろう。また、問いに基づき既習の知識・技能を活用して総合的な課題解決を目指すパフォーマンス課題とルーブリックの開発、自らの学習の調整にもつながる自己評価や他者評価、相互評価の在り方などについても研究を深め、生徒一人一人の学びが質的に高まる評価活動を進めていきたい。

なお、家庭分野の学びは、一人一人の生活や価値観が異なるのと同様に、どの場面を切り取っても多様で豊かである。10人いれば10人の多様な課題解決の方向が生まれる。その豊かな学びを一つの枠に収めてしまうのはもったいない。これからは、個々の学びのよさや考え方のユニークさ、進歩の状況を把握しつつ、新しい価値の創出につながる個人内評価（自己評価、ポートフォリオ評価等）の研究を深めることも重要であろう。

●参考文献

文部科学省『中学校学習指導要領（平成29年告示）解説 技術・家庭編』2017年

文部科学省「小学校、中学校、高等学校及び特別支援校等における児童生徒の学習評価及び指導要録等の改善等について（通知）」2019年

岡陽子「生活をよりよくしようと工夫する資質・能力を踏まえた評価と指導」『学校教育・実践ライブラリVol.2 評価と指導』ぎょうせい、2019年、p.29

岡陽子・三好智恵「メタ認知に着目した資質・能力型ポートフォリオ開発と有効性の検証」『佐賀大学大学院学校教育学研究科紀要』第２巻、2018年、pp.1-12

中学校　外国語

従来型の指導法からの脱却

菅　正隆

（１）外国語科の指導のポイント

中学校外国語科において、目標にあるコミュニケーションにおける見方・考え方は「外国語で表現し伝え合うため、外国語やその背景にある文化を、社会や世界、他者との関わりに着目して捉え、コミュニケーションを行う目的や場面、状況等に応じて、情報を整理しながら考えなどを形成し、再構築すること」であると定義付けている。これらを基に、外国語の４技能（聞くこと、読むこと、話すこと、書くこと）の言語活動を通して、簡単な情報や考えなどを理解したり表現したり伝え合ったりするコミュニケーションを図る資質・能力を育成することを目標としている。そして、この資質・能力は三つに分けられている。具体的には、以下のとおりである。

① 「知識・技能」の部分として、音声や語彙、表現、文法、言語の働きなどを知識として持ち、これらを用いて実際のコミュニケーションにおいて活用できる技能を身に付けるようにする。
② 「思考・判断・表現」として、外国語で簡単な情報や考えなどを理解したり、これらを活用して表現したり伝え合ったりすることができる力を養う。
③ 「主体的に学習に取り組む態度」として、主体的に外国語を用いてコミュニケーションを図ろうとする態度を養う。

これは、昔から行われてきた俗に言う日本型の英語教育（例えば、英文を日本語に訳す訳読形式や文法定着等の知識偏重型指導）からの脱却を意味している。語彙や文法の知識の定着を目指す授業ではなく、生徒が自ら考え、自分の考えや意見を発信できるようにする指導が求められる。そのためには、ある程度の知識を持たせながら、様々な言語活動を通して活用できるようにさせることである。したがって、テストの在り方や評価も大きく変えなければならない。

また、改善ポイントとして、教師が授業を行う際には、「授業は英語で行うことを基本とする」こととなっている。これは、生徒に英語に触れる機会や時間を増やすためであり、また、生徒に抵抗なく英語の発話を促すための環境整備でもある。もし、教師が日本語だけで説明し、その後、生徒に「英語で話しなさい」と言っても、生徒は英語モードにはならず、意欲も湧かない。これでは、活発な言語活動など期待できないのである。

（2）外国語科の学習評価のポイント

外国語は目標にもあるように、評価においても、外国語を通して、コミュニケーションを図ることができるようになっているかを判断することである。従来の単語テストや文法訳読問題などのペーパー試験では、基礎・基本の定着度は測れたとしても、目標を達成するための試験にはなっていない。たとえ知識は身に付いていたとしても、活用できるようになっていなければ目標にはほど遠い。したがって、ペーパー試験だけでは目標の到達度は判断できないことになる。そこで、様々なパフォーマンステストが必要になってくる。

また、今回の学習指導要領では、評価の観点を「知識・技能」「思考・判断・表現」「主体的に学習に取り組む態度」の三つとし、その中でも、思考できる生徒、考えられる生徒の育成を重要視する観点から、「思考・判断・表現」を重視した指導が求められる。

（3）外国語科の評価活動の工夫

授業の中で指導した音声や語彙、表現、文法、言語の働きなどが、実際のコミュニケーションの中で活用できるようになっているかどうかを判断し評価することがパフォーマンス評価である。そして、その評価の対象となる活動がパフォーマンス活動である。例えば、発表（スピーチ、ショウ・アンド・テル、ディベート等）やグループでの話合い、作品（レポートや手紙等）の制作などがそれに当たる。パフォーマンス評価を適切に行うためには、事前に評価規準を作成し、生徒にも提示することである。どの観点で評価するのかがわかれば、生徒も明確な目標を持ち、その活動に積極的に取り組むことができる。

また、単元（レッスン）の終わりに、生徒全員にスピーチをさせ、それを評価することを考える。この場合、最も重要なことは発表の順番をどう行うかである。出席番号順に行うと、出席番号１番の生徒は常に不利な立場である。そこで、順番は常に教師が作為的に決めて行うことが成功のポイントである。では、どのように順番を組むのか。特に成功するためには、トップバッターを誰にするかである。悪い例としては、①学力の高い生徒から始める（この場合、他の生徒にとっては「あの生徒だからできるんだ」と感じ、やる気が削がれ、それ以降、生徒はがんばりを示さなくなる）。②学力的に課題のある生徒から始める（この場合、他の生徒は、「あの程度でいいんだ」と高をくくり、手を抜き出す生徒が出てくる）などである。では、発表を緊張したものとし、生徒に一生懸命努力させるためには、例えば、クラスの中で上位から1/3番程度の学力を有する生徒から始めると、他の生徒は、「あれなら、ひょっとしたら、上手く発表することができるかもしれない」と思い込み、努力を始める。このようにほんの些細なことではあるが、漫然とした発表にならないように工夫することで、評価も上がり、生徒の自信にもつながる。評価は、目標に対して、どの程度達成できているかを示すだけではなく、元気の素にもなるものなのである。

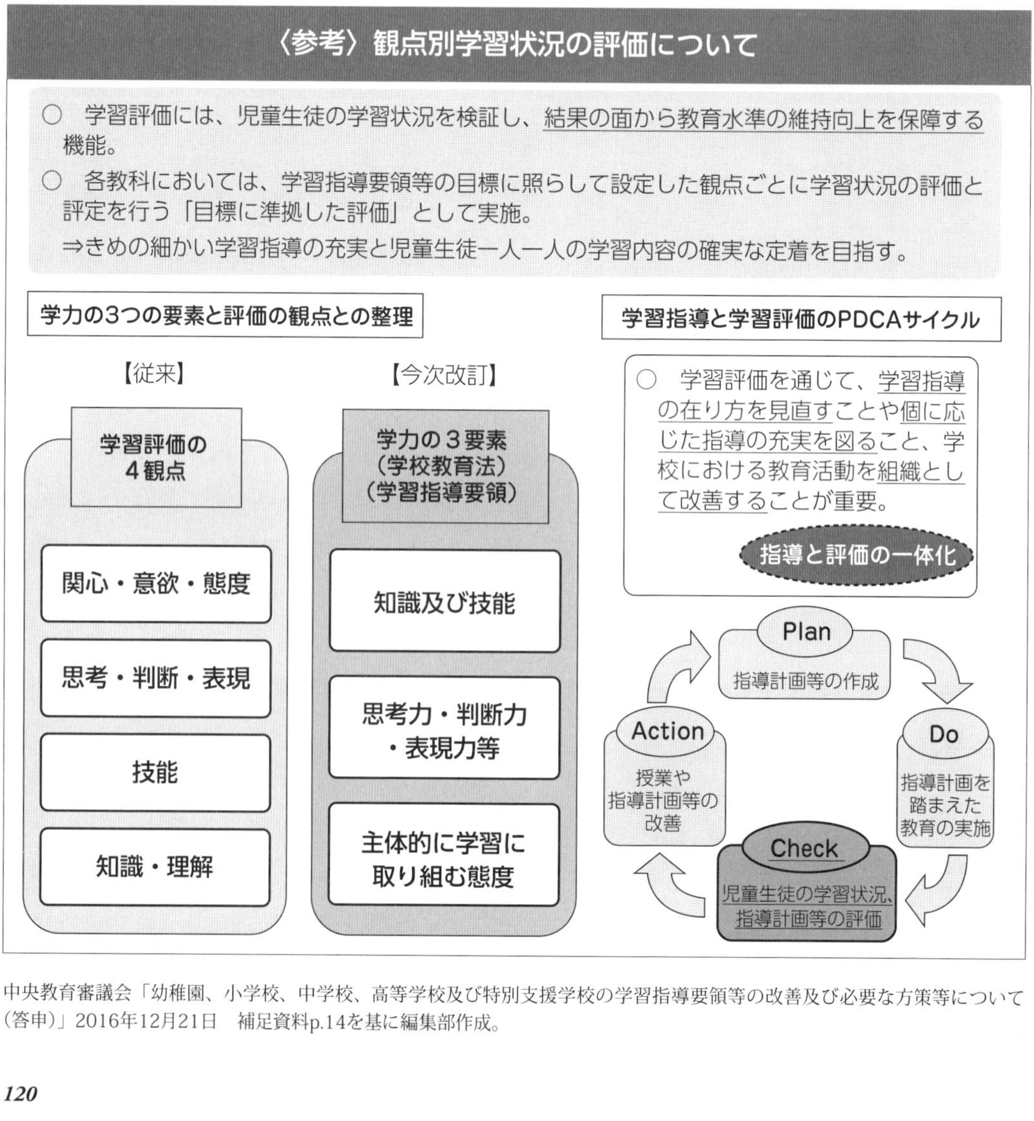

〈参考〉観点別学習状況の評価について

○　学習評価には、児童生徒の学習状況を検証し、結果の面から教育水準の維持向上を保障する機能。

○　各教科においては、学習指導要領等の目標に照らして設定した観点ごとに学習状況の評価と評定を行う「目標に準拠した評価」として実施。

⇒きめの細かい学習指導の充実と児童生徒一人一人の学習内容の確実な定着を目指す。

学力の3つの要素と評価の観点との整理

【従来】学習評価の４観点	【今次改訂】学力の３要素（学校教育法）（学習指導要領）
関心・意欲・態度	知識及び技能
思考・判断・表現	思考力・判断力・表現力等
技能	主体的に学習に取り組む態度
知識・理解	

学習指導と学習評価のPDCAサイクル

○　学習評価を通じて、学習指導の在り方を見直すことや個に応じた指導の充実を図ること、学校における教育活動を組織として改善することが重要。

指導と評価の一体化

- Plan　指導計画等の作成
- Do　指導計画を踏まえた教育の実施
- Check　児童生徒の学習状況、指導計画等の評価
- Action　授業や指導計画等の改善

中央教育審議会「幼稚園、小学校、中学校、高等学校及び特別支援学校の学習指導要領等の改善及び必要な方策等について（答申）」2016年12月21日　補足資料p.14を基に編集部作成。

第9章

「特別の教科　道徳」の評価

第９章 「特別の教科　道徳」の評価

荒木寿友

1 道徳科の目標と評価の関係

あらゆる教育の営みは、意図的な働きかけのもと実践される。「特別の教科　道徳」（以下、道徳科）においてもそれは例外ではない。意図的な働きかけ、すなわち教育の目標（ねらい）があり、それに基づいた教育内容の精選、教育方法の選択、そして、これら一連の教育的営為が児童生徒にどのような効果をもたらしたのか、それをチェックし指導に活かしていくのが教育評価の役割である。この考えに依拠するならば、道徳科における評価も道徳科の目標との関連で考察していく必要があろう。

では、道徳科においてはどのような教育目標が提示されているのであろうか。学習指導要領では以下のように示されている（なお、道徳科は平成27年に一部改正という形で告示されたため、資質・能力の三つの柱に合致する形では変更されていない）。

> 第１章総則の第１の２の（２）に示す道徳教育の目標に基づき、よりよく生きるための基盤となる道徳性を養うため、道徳的諸価値についての理解を基に、自己を見つめ、物事を（広い視野から）多面的・多角的に考え、自己（人間として）の生き方についての考えを深める学習を通して、道徳的な判断力、心情、実践意欲と態度を育てる。
>
> （カッコ内は中学校）

道徳科の目標は他の教科と異なり、非常に独特な表現がなされている。それは、目標の中に「学習活動」がかなり詳しく明記されている点である。つまり、道徳的諸価値の理解に基づき、①自己を見つめる活動、②多面的・多角的に考える活動、そして③生き方について考える活動が示されているのである。

このような学習活動を授業の中に意図的に組み込んでいくことによって、児童生徒は①～③のポイントに基づいた学習活動が保障されることになり、これは同時に、教師がそのような授業を展開したのかという授業評価にもつながっていく（ただし、毎回の授業で①

〜③のポイントを組み込まないといけないわけではないだろう)。

このような目標の設定がなされているゆえに、道徳科の評価は学習指導要領において次のように提示されている。

> 児童（生徒）の学習状況や道徳性に係る成長の様子を継続的に把握し、指導に生かすよう努める必要がある。ただし、数値などによる評価は行わないものとする。

この表記からわかるように、道徳科においては児童生徒の学習の結果ではなく、「学習状況や道徳性に係る成長の様子」、つまりどのように学んでいるのかという学習のプロセスそのものが評価の視点になる。そして、この児童生徒の学習のプロセスを把握することが、授業改善につながっていくのであり、ここに道徳科における「指導と評価の一体化」の考えが見受けられる。

では、特に児童生徒の学習状況の様子をどのように見取っていくのであろうか。以下、詳しく見ていこう。

2　児童生徒を見取る：評価の視点

先の①〜③の学習活動から導かれる児童生徒に対する評価の視点は、学習指導要領解説においては次のように示されている（小学校解説p.110、中学校解説p.112)。それは、

・一面的な見方から多面的・多角的な見方へと発展しているか

・道徳的価値の理解を自分自身との関わりの中で深めているか

の２点である。そして教師は児童生徒の発言や道徳ノート、ワークシート、ポートフォリオ等から児童生徒の学習状況を見取っていく。

（1）一面的な見方から多面的・多角的な見方へ

物事を多面的・多角的に捉えることは、自らの固執した考えから脱していくために必要であり、思考の枠を広げていくことにつながる。クリティカルに世の中の事象を認識し、判断していくためには、多様な解釈が可能であることに気付いていかねばならない。言わば、道徳の学習における「深い学び」を担保するための核の一つとなるのが、多面的・多角的な見方なのである。

学習指導要領解説では、具体的に以下の点が示されている（小学校p.111、中学校解説p.113)。

・道徳的価値に関わる問題に対する判断の根拠やそのときの心情を様々な視点から捉え

考えようとしていること
・自分と違う立場や感じ方、考え方を理解しようとしていること
・複数の道徳的価値の対立が生じる場面において取り得る行動を多面的・多角的に考えようとしていること

（2）道徳的価値の理解を自分自身との関わりの中で深める

道徳科の目標では、道徳的諸価値の理解に基づくことが明記されていた。この道徳的価値の理解を①と③のポイントに関連付けていくのが、自分自身との関わりの中で道徳的価値の理解を進めていくことである。学習指導要領解説においても繰り返し述べられているように、観念的に道徳的価値を捉えるのではなく、我が事と結び付けて考えることが道徳的価値を深く捉えることにつながり、道徳における「深い学び」の実現に近づくのである。これを見取っていくのが以下の点である（小学校解説p.111、中学校解説p.113）。

・読み物教材の登場人物を自分に置き換えて考え、自分なりに具体的にイメージして理解しようとしていることに着目すること
・現在の自分自身を振り返り、自らの行動や考えを見直していることがうかがえる部分に着目すること
・道徳的な問題に対して自己の取り得る行動を他者と議論する中で、道徳的価値の理解を更に深めていること
・道徳的価値を実現することの難しさを自分のこととして捉え、考えようとしていること

（3）児童生徒を見取る際の留意点

道徳教育の、そして道徳科の目標はともに道徳性を育んでいくことであるが、道徳性そのものは評価の対象となっていない。それは道徳性そのものが内面的資質であるために、その成長が容易に判断できるものではないからである（小学校解説p.109、中学校解説p.111）。「道徳性に係る成長の様子」と記してある理由はここにある。道徳性の育成に関連する学習活動を広く捉えていかねばならない。

また道徳性の諸様相は、道徳的な判断力、心情、実践意欲と態度と表されているが、これを観点別に評価することも妥当ではないと明記されている（小学校解説pp.109-110、中学校解説pp.111-112）。というのも、これらの諸様相はそれぞれが独立した形で存在するわけではなく、相互に密接に関連しているからである（中学校解説p.17）。「要素」（component）ではなく「様相」＝姿という用語を用いているのはそのためであろう。

3 授業づくりと授業評価の観点

児童生徒を見取っていく視点を先に示したが、基本的にはこの見取っていく視点が、授業評価の観点と密接に結び付いていく。なぜならば、授業中における教師の意図的な働きかけによって、児童生徒の思考の深まりや発展が見いだされるからであり、あるいは逆に意図的に働きかけたとしても児童生徒に響かなかったとしたら、それは授業方法の再考が求められるからである。

具体的には以下の観点からの授業評価が示されている（小学校解説pp.115-116、中学校解説pp.117-118、下線は筆者）。

ア　学習指導過程は、道徳科の特質を生かし、道徳的諸価値の理解を基に自己を見つめ、自己（人間として）の生き方について考えを深められるよう適切に構成されていたか。また、指導の手立てはねらいに即した適切なものとなっていたか。

イ　発問は、児童（生徒）が（広い視野から）多面的・多角的に考えることができる問い、道徳的価値を自分のこととして捉えることができる問いなど、指導の意図に基づいて的確になされていたか。

ウ　児童（生徒）の発言を傾聴して受け止め、発問に対する児童の発言などの反応を、適切に指導に生かしていたか。

エ　自分自身との関わりで、物事を（広い視野から）多面的・多角的に考えさせるための、教材や教具の活用は適切であったか。

オ　ねらいとする道徳的価値についての理解を深めるための指導方法は、児童（生徒）の実態や発達の段階にふさわしいものであったか。

カ　特に配慮を要する児童（生徒）に適切に対応していたか。　（カッコ内は中学校）

この六つの観点からもわかるように、1で示した①～③の目標のポイントが授業を評価するにあたっても重要なポイントとなっている。

さらにはウにおいて「傾聴」という言葉が用いられている。これは道徳科の評価の基盤には「教師と児童（生徒）との人格的な触れ合いによる共感的な理解が存在することが重要」（小学校解説p.113、中学校解説p.111）だからであり、表向きの発言を聞き取るだけではなく、発言の裏に隠されたメッセージを読み解き理解すること、すなわち「傾聴する」ことによって、道徳科の評価が成立するからである。

道徳科の評価文の作成

では、実際に道徳科の評価はどのように記述されるのであろうか。解説では、「個々の内容項目ごとではなく、大くくりなまとまりを踏まえた評価とすることや、他の児童（生徒）との比較による評価ではなく、児童（生徒）がいかに成長したかを積極的に受け止めて認め、励ます個人内評価として記述式で行うことが求められる」（小学校解説p.110、中学校解説p.112）と記されている。ここには、「大くくりなまとまり」で評価すること、ならびに「認め、励ます個人内評価」が明記されている。

大くくりとは、個別の内容項目ごとに評価をするのではないという一つ目の意味、そして「年間や学期といった一定の時間的なまとまりの中で」（小学校解説p.110、中学校解説p.112）という二つ目の意味を有している。

道徳性そのものは非常にゆっくりと育っていくものであるため、長期的なスパンで捉えていく必要があるということ、また内容項目は道徳の学習において達成する目標ではないという意味がここには含まれている。

道徳の評価は他者との比較の中で行われるものではないため、相対評価は適さない。また、各学年において到達度が示されているわけでもないため、目標準拠型評価も適さない。各個人においてどのような学びが展開されたのか、学習状況や道徳性に係る成長がどのように見受けられたのか、当該児童生徒の個人の中での変化を見取っていく個人内評価でなされるのである。あくまで評価の基準は児童生徒の中にあることを忘れてはならない。

●参考文献

文部科学省『小学校学習指導要領（平成29年告示）』2017年
文部科学省『中学校学習指導要領（平成29年告示）』2017年
文部科学省『小学校学習指導要領（平成29年告示）解説 特別の教科 道徳編』2017年
文部科学省『中学校学習指導要領（平成29年告示）解説 特別の教科 道徳編』2017年

第10章

小学校外国語活動の評価

第10章 小学校外国語活動の評価

赤沢真世

1 外国語における見方・考え方と外国語活動における三つの目標

（1）外国語科における見方・考え方

資料1　外国語科における見方・考え方

「外国語によるコミュニケーションにおける見方・考え方」とは、外国語によるコミュニケーションの中で、どのような視点で物事を捉え、どのような考え方で思考していくのかという、物事を捉える視点や考え方であり、「外国語で表現し伝え合うため、外国語やその背景にある文化を、社会や世界、他者との関わりに着目して捉え、コミュニケーションを行う目的や場面、状況等に応じて、情報を整理しながら考えなどを形成し、再構築すること」

（『小学校学習指導要領（平成29年告示）解説 外国語活動・外国語編』p.9）

外国語活動は領域の一つであるが、小学校高学年から高等学校の外国語教育の指針となる外国語科における「見方・考え方」（資料1）につながるものである。

より詳しく見ていくと、第一に、外国語やその背景にある文化を、社会や世界、他者との関わりに着目して捉えることが大切にされる。すなわち、外国語や文化を単なる「知識」として学ぶのではなく、外国語が社会や世界の中でどのように用いられており、どのような文化がその背景にあるのかを広く捉えたり、外国語を通して、自分とは異なる文化的背景を持つ他者と関わることができるという視点を持ったりすることが強調されている。

そして第二に、コミュニケーションを行う目的や場面、状況等に応じて情報を整理しながら考えなどを形成し、再構築することとあるように、現実的な場面における言葉のやりとりを尊重し、そうした場面設定を重視した活動や学習を行うことが重要視されている。外国語活動においては、小学校高学年から始まる外国語科としての学習の「素地」として、この見方・考え方をより意識することが求められる。

（2）三つの目標と観点別評価について

（1）で見た「見方･考え方」をふまえて、外国語活動においても、①「知識及び技能」、②「思考力、判断力、表現力等」、③「学びに向かう態度、人間性等」の三つの目標が設定されている。そして、それに対応する形で、観点別評価の３観点、すなわち、①知識・技能、②思考・判断・表現、③主体的に学習に取り組む態度、が位置付けられている。

資料２　外国語活動における観点別評価の評価規準

（1）評価の観点及びその趣旨

〈小学校　外国語活動の記録〉

観点	知識・技能	思考・判断・表現	主体的に学習に取り組む態度
趣旨	・外国語を通して、言語や文化について体験的に理解を深めている。 ・日本語と外国語の音声の違い等に気付いている。 ・外国語の音声や基本的な表現に慣れ親しんでいる。	身近で簡単な事柄について、外国語で聞いたり話したりして自分の考えや気持ちなどを伝え合っている。	外国語を通して、言語やその背景にある文化に対する理解を深め、相手に配慮しながら、主体的に外国語を用いてコミュニケーションを図ろうとしている。

（文部科学省「小学校、中学校、高等学校及び特別支援学校等における児童生徒の学習評価及び指導要録の改善等について（通知）」2019年の別紙４「各教科等・各学年等の評価の観点等及びその趣旨」）

まず①の「知識・技能」では、外国語活動では言語や文化についての体験的な理解、「気付き」を見ていく。具体的には、国際理解教育の側面としての文化への気づきや、言語教育の側面として日本語と外国語の音声の違い（例えば、ピザではなくて 'pizza'）についての気付きを得られるような目標となる。そこからさらに、身近で簡単な事柄について自分の考えや気持ちを伝え合うための基本的な表現や音声に慣れ親しむことが目標となっている。

そして②「思考力・判断力・表現力等」の目標は、2017（平成29）年告示の学習指導要領の特に重要な観点となる。先に示した外国語科における「見方・考え方」として示された「目的や相手、状況に応じて活用しながらコミュニケーションを行い、自分の気持ちや考えを伝え合えているか」を扱う、核となる目標であると言える。外国語活動では、好きな色や好きな食べ物などの日常的に触れることの多い身近で簡単な事柄について、自分の考えを伝え、相手（友達などの近しい関係の相手）の考えを聞くなどのやりとりの中で伝え合うことができるようにする。評価では、実際にそのような場面や状況を設定した言語活動を行い、その中で児童が伝え合えているか、これまで学習した語彙や表現を組み合わせて、その状況に応じた伝え合いを行えているかを評価していく。

最後に③「学びに向かう力、人間性等」についてでは、外国語活動・外国語科では、「相手に配慮しながら、主体的に」（教科外国語では、「他者に配慮しながら」）という文言となっている。単に活動に対して関心や意欲を高めているかだけでなく、「相手意識」を持った、本物のコミュニケーションを図ろうとしているのかや、うまくコミュニケーションがとれなかった場合に、生活経験や学習で得たことを駆使して何とか伝え合おうとしている姿を育て、評価しなければならない。

2　外国語活動における単元構成と評価の考え方

（1）文科省副読本『Let's Try !』における単元構成

外国語及び外国語活動の各Unitは、次のような展開となっている（資料3）。まず①「導入（新しい表現に出合う活動）」である。単元のおわりに設定されたゴール（目標）を知り、そのために必要な新しい表現に出合う時間である。次に、②「語彙や表現に慣れる活動」が位置付けられている。語彙や基本的な表現について聞いたり発話をしたりすることを促すゲーム的な活動が位置付けられている。自然と楽しめる、意味のある練習を踏まえて、③「表現（やりとり）により慣れる活動」が組まれる。②の練習的な位置付けを超えて、より相手と伝え合うことを目的とした活動の中で、語彙や表現に必然的に慣れ親しみ、学び合うなかで段々と定着されていく。最終的には、④「友達と協力して課題を達成するコミュニケーション活動」が設定される。相手と伝え合うコミュニケーション活動や、発表や作品作りなどのプロジェクトが単元の最後に設定されているのである。

資料3　外国語活動における単元構成

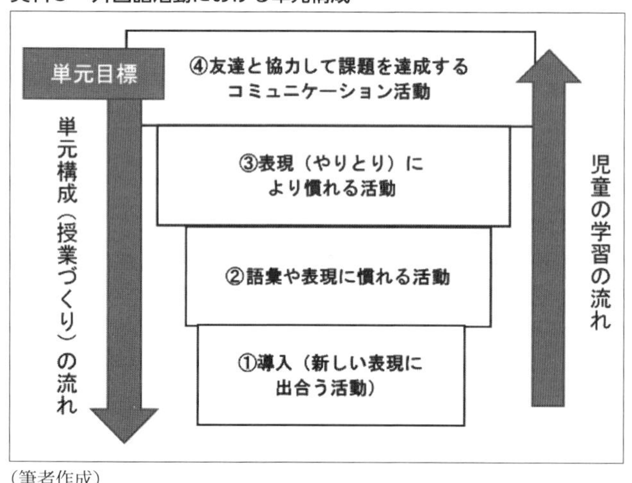

（筆者作成）

（2）単元の流れと評価場面の設定

こうした単元構成と授業の流れを踏まえて、評価の観点と評価の時期・方法も考える必要がある。授業づくりでは、何よりも④にどのような活動を設定するのかをはじめに考え、具体的に場面や状況を設定していくことが大切である。そして、そこに向かうために

①や②、③が位置付く。こうした「逆向き設計」の考え方に立ちながら、①②においては、主に「知識・技能」を中心に評価の観点が位置付く。語彙についてのクイズやそこでのワークシートの書き込みの様子から児童の理解度を見ることができる。そして主に③④においては、相手や他者への意識を持ちながら実際に学習した語彙や表現を活用しているかどうかを実際に見取っていく。特に④は、これまでの学習事項を組み合わせたコミュニケーション活動が行われるため、「思考・判断・表現」の観点で評価する絶好の機会となる。また、「主体的に学習に取り組む態度」についても、こうした最終的な課題に向かっていく姿勢や、そこでの作品や発表の姿を中心に評価することが求められる。

このように、各授業において、その観点を捉えられる活動に焦点を定めておき、活動の様子が目立った児童（よくできた／できなかった）を記録するなど、児童の学習状況を見取ることが必要である。

3 外国語活動における評価方法のポイントと文章表記

（1）授業の過程（活動の途中）で学びを確かめる評価観察による評価

単元の最後だけではなく、活動の過程（途中）で、児童が活動を進めるのに最低限必要な語彙や表現についてどの程度慣れ親しんでいるかを、形成的に評価する工夫が重要である。例えば、教師やALTが児童の一人一人と、そのレッスンの核となる表現を使ってやりとりを行う時間を設定する取組もある。このような場面では、まず一つ目に児童の発話の機会を確保することができる。二つ目に、つまずいている児童の割合やつまずきの質について教師が情報を得ることができる。そして、もし活動に困難さを感じている児童がいれば、個々に支援を行う貴重な機会となるなど、授業の改善に活用できる。

（2）児童自身の学びを見つめさせる評価――自己評価――

外国語活動では、「振り返りカード」の活用が進められている。こうした児童の自己評価を行う際には、児童にわかりやすい言葉・表現を用いることが必要である。また教師が大切にしたい視点として、例えば、「相手意識を持ったコミュニケーションを大切にしてほしい」ということを強調するために、「うなずきなどのリアクションやさらなる質問をすることができたか」というような項目を入れることもある。

ここで大切なのは、児童と教師の双方が観点を共有することであり、児童自身にとっても、外国語活動における自分なりの目標（めあて）を設定する指針が見えることである。

さらに「授業を通して気付いたこと、わかったこと、思ったこと」や「次に頑張りたいこと」なども記述できる自由記述欄を設定すると、教師が想定していなかった児童の学びの深まりや、各児童の次に頑張りたい点（課題意識）も意識させることができる。「主体的に学習に取り組む態度」で強調されている学習における自己調整（メタ認知）についても、こうした取組で、その力を育成することが徐々にできるようになっていくのである。

（3）指導要録・通知表への記載のポイント

新指導要録では、外国語活動は、評価の観点に即して、児童の学習状況に顕著な事項がある場合にその特徴を記入する等、児童にどのような力が身に付いたかを文章で端的に記述するように変更される。

とりわけ上述の三つの観点の②思考・判断・表現や③主体的に学習に取り組む態度に照らして、児童が相手意識を持ったコミュニケーション（やりとりや発表）ができた単元において、具体的にできるようになった姿を文章記述していく。例えば「イラストなどを参考にして、自分の好きな時間について、尋ねたり答えたりして伝え合うことができました」（『Let's Try! 2』Unit 4）や、「相手に勧めたいオリジナルメニューを相手により伝わることを意識してイラストを用いながら伝えることができました」（『Let's Try! 2』Unit 7）という姿が具体的に示せるとよいだろう。

このように、外国語活動における評価では、見方・考え方を尊重したこれらの視点を軸にして、子どもの様子を具体的に捉える評価が求められていく。

第11章

総合的な学習の時間の評価

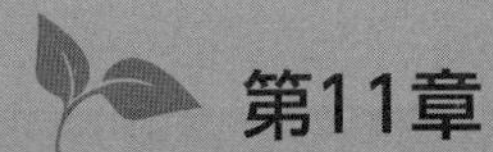

第11章 総合的な学習の時間の評価

田村　学

1 総合的な学習の時間で育成を目指す資質・能力

総合的な学習の時間の目標は、学習指導要領（小学校）において、以下のように設定された。

> 探究的な見方・考え方を働かせ、横断的・総合的な学習を行うことを通して、よりよく課題を解決し、自己の生き方を考えていくための資質・能力を次のとおり育成することを目指す。
>
> ⑴　探究的な学習の過程において、課題の解決に必要な知識及び技能を身に付け、課題に関わる概念を形成し、探究的な学習のよさを理解するようにする。
>
> ⑵　実社会や実生活の中から問いを見いだし、自分で課題を立て、情報を集め、整理・分析して、まとめ・表現することができるようにする。
>
> ⑶　探究的な学習に主体的・協働的に取り組むとともに、互いのよさを生かしながら、積極的に社会に参画しようとする態度を養う。

学習指導要領改訂で議論されてきた「育成を目指す資質･能力の三つの柱」で整理され、明示されている。これまでは、総合的な学習の時間における「育成すべき資質や能力及び態度」としては、「学習方法に関すること」「自分自身に関すること」「他者や社会とのかかわりに関すること」の三つの視点が例示されていた。この視点は、全国の実践事例を整理する中で見出されてきたものであるとともに、OECDが示した主要能力（キー・コンピテンシー）にも符合しているものであった。各学校においては、三つの視点を参考にして「育成すべき資質や能力及び態度」を明らかにし、その育成に向けて取り組んできた。したがって、今期改訂では、総合的な学習の時間において「育成を目指す資質・能力」を各学校で検討するに当たっては、先に示した三つの視点などとの関係を自覚した上で検討することが大切になる。

(1) 知識及び技能（何を理解しているか、何ができるか）

課題の解決に向けて行われる横断的・総合的な学習や探究的な学習においては、それぞれの課題についての事実的知識や技能が獲得される。この事実的な知識については、各学校が設定する内容や一人一人の探究する課題に応じて異なることが考えられ、どのような学習活動を行い、どのような学習課題を設定し、どのような学習対象と関わり、どのような学習事項を学ぶかということと大いに関係する。

一方、事実的知識は探究のプロセスが繰り返され、連続していく中で、何度も活用され発揮されていくことで、構造化され、体系化された概念的な知識へと高まっていく。この概念的知識については、例えば「様々な要素がつながり循環している」「互いに関わりながらよさを生かしている」などが考えられる。探究のプロセスにより、どのような概念的な知識が獲得されるかということについては、何を学習課題として設定するか等により異なるため、個別具体的に学習指導要領上で設定することは難しいと考えられるが、各学校が目標や内容を設定するに当たっては、どのような概念的な知識が形成されるか、どのように概念的な知識を形成していくかなどを想定することが重要である。

(2) 思考力、判断力、表現力等（理解していること・できることをどう使うか）

課題の解決に向けて行われる横断的・総合的な学習や探究的な学習においては、①課題の設定、②情報の収集、③整理・分析、④まとめ・表現の探究のプロセスが繰り返され、連続する。このプロセスでは、実社会や実生活の課題の解決に向けて、それぞれのプロセスで必要とされる資質・能力が繰り返し発揮される。

この資質・能力については、これまで各学校で設定する「育成すべき資質や能力及び態度」の視点の中でも「学習方法に関すること」としていたことに対応している。なお、それぞれのプロセスで育成される資質・能力については、課題の設定については複雑さや精緻さ、情報の収集については妥当性や多様性、整理・分析については多面性や信頼性、まとめ・表現については論理性や深さなどの方向で質を高めることができるよう、学校種や学年段階に応じた設定をしていくことが考えられる。

(3) 学びに向かう力、人間性等
（どのように社会・世界と関わり、よりよい人生を送るか）

資質・能力の三つの柱に示す総合的な学習の時間で育成すべき「学びに向かう力、人間性等」は、三つの視点の中でも「自分自身に関すること」「他者や社会とのかかわりに関すること」として育成すべきとしていたものと対応している。「自分自身に関すること」としては、主体性や自己理解、内面化して自信をつかむことなどの心情や態度が、「他者や社会とのかかわりに関すること」としては、協同性、他者理解、社会参画・社会貢献などの心情や態度が考えられる。それぞれについては、誠実さ、自分らしさ、責任感や、積極性、開放性、自我関与などの方向で質を高めることができるよう、学校種や学年段階に応じた設定をしていくことなどが考えられる。

2　総合的な学習の時間の評価の観点

2019（平成31）年３月の初等中等教育局長通知「小学校、中学校、高等学校及び特別支援学校等における児童生徒の学習評価及び指導要録の改善等について」では、「この時間に行った学習活動及び各学校が自ら定めた評価の観点を記入した上で、それらの観点のうち、児童の学習状況に顕著な事項がある場合などにその特徴を記入する等、児童にどのような力が身に付いたかを文章で端的に記述する」としている。また、評価の観点については、「小学校学習指導要領等に示す総合的な学習の時間の目標を踏まえ、各学校において具体的に定めた目標、内容に基づいて別紙４を参考に定める」とし、下表のように例示している。

〈小学校　総合的な学習の時間の記録〉

観点	知識・技能	思考・判断・表現	主体的に学習に取り組む態度
趣旨	探究的な学習の過程において、課題の解決に必要な知識や技能を身に付け、課題に関わる概念を形成し、探究的な学習のよさを理解している。	実社会や実生活の中から問いを見いだし、自分で課題を立て、情報を集め、整理・分析して、まとめ・表現している。	探究的な学習に主体的・協働的に取り組もうとしているとともに、互いのよさを生かしながら、積極的に社会に参画しようとしている。

総合的な学習の時間においては、学習指導要領が定める目標を踏まえて各学校が目標や内容を設定するという総合的な学習の時間の特質から、各学校が観点を設定するという枠組みが維持されている。このことは、およそ評価の観点については、「知識・技能」「思考・判断・表現」「主体的に学習に取り組む態度」の３観点に整理するとともに、その具体の内実は各学校が設定していくことを意味している。その際、「ア　知識及び技能については、他教科等及び総合的な学習の時間で習得する知識及び技能が相互に関連付けられ、社会の中で生きて働くものとして形成されるようにすること。イ　思考力、判断力、表現力等については、課題の設定、情報の収集、整理・分析、まとめ・表現などの探究的な学習の過程において発揮され、未知の状況において活用できるものとして身に付けられるようにすること。ウ　学びに向かう力、人間性等については、自分自身に関すること及び他者や社会との関わりに関することの両方の視点を踏まえること。」などが学習指導要

領に示されていることに配慮することも大切である。

なお、指導要録については、これまでと同様、実施した「学習活動」「評価の観点」「評価」の三つの欄で構成し、その児童（生徒）のよさや成長の様子など顕著な事項を文章記述することとしている。

ここまで示してきたことは、今回の学習指導要領改訂では、各教科等の目標や内容を資質・能力の三つの柱で再整理しているが、そのことは総合的な学習の時間においても同様であること。さらには、各学校においても、総合的な学習の時間の目標を踏まえ、各学校の総合的な学習の時間の目標や内容を定めるとしていることを踏まえている。

3 総合的な学習の時間の評価規準の設定と評価方法の工夫改善

総合的な学習の時間における児童の学習状況の評価に当たっては、これまでと同様に、ペーパーテストなどの評価の方法によって数値的に評価することは、適当ではない。

具体的な評価については、各学校が設定する評価規準を学習活動における具体的な児童生徒の姿として描き出し、期待する資質・能力が発揮されているかどうかを把握することが考えられる。その際には、具体的な児童生徒の姿を見取るに相応しい評価規準を設定し、評価計画に評価方法や評価場面を適切に位置付けることが欠かせない。

特に、総合的な学習の時間においては、微細な評価にするのではなく、年間や単元など内容や時間のまとまりを見通しながら評価場面や評価方法を検討し、探究的な学習の過程や成果を評価し、指導の改善や児童生徒の学習意欲の向上を図り、資質・能力の育成に生かすようにしていきたい。

（1）評価規準の設定

評価規準を設定する際の基本的な考え方や作業手順としては、次の①〜③のようにすることが考えられる。まずはじめに、各学校の全体計画や単元計画を基に、単元で実現が期待される育成を目指す資質・能力を設定する（①）。次に、各観点に即して実現が期待される児童生徒の姿が、単元のどの場面のどのような学習活動において、どのような姿として実現されるかをイメージする（②）。そして、実現が期待される児童生徒の姿について、実際の探究活動の具体を想起しながら、単元で実現が期待される育成を目指す資質・能力に照らし合わせて、具体的に言語化する（③）。

（2）評価方法の工夫改善

具体的な学習状況を評価する方法については、信頼される評価の方法であること、多様な評価の方法であること、学習状況の過程を評価する方法であること、の三つが重要である。

信頼される評価とするためには、教師の適切な判断に基づいた評価が必要であり、著しく異なったり偏ったりすることなく、およそどの教師も同じように判断できる評価が求められる。例えば、あらかじめ指導する教師間において、評価の観点や評価規準を確認しておき、これに基づいて児童の学習状況を評価するなどが考えられる。この場合には、各学校において定められた評価の観点を、一単位時間ですべて評価しようとするのではなく、一定程度の時間数の中において評価を行うように心がける必要がある。

多様な評価とするためには、異なる評価方法や評価者による多様な評価を適切に組み合わせることが重要である。学習状況の結果だけではなく過程を評価するためには、評価を学習活動の終末だけではなく、事前や途中に適切に位置付けて実施することが大切である。

●参考文献

文部科学省『小学校学習指導要領（平成29年告示）解説 総合的な学習の時間編』2017年

文部科学省「小学校、中学校、高等学校及び特別支援学校等における児童生徒の学習評価及び指導要録の改善等について（通知）」（30文科初第1845号）2019年

第12章

特別活動の評価

第12章 特別活動の評価

根津朋実

1 再確認：目標と「見方・考え方」、指導の重点

本稿は、主に小学校を念頭に、特別活動の評価の要点を述べる。新旧学習指導要領や小中高特の別を細かく比べる紙幅はないので、関連の書籍類を参照してほしい。

2017（平成29）年から順次告示された学習指導要領で、特別活動も変わった。主な変更は、「今日的な諸課題への対応や多様性への配慮を目指し、目標の詳述、内容の取扱いの細分化をはかる。前提は、教職員による指導の強調である。その結果、記述の誤解やあいまいさを排除し、説明の量が増えた」と要約できる（根津 2017、p.117による）。象徴的なのは、2008（平成20）年版にあった語「望ましい」の激減である（同）。

そこでまず、特別活動の「目標」を再確認する。次に、「指導」の重点を考察する。やや遠回りに思えるが、「目標に準拠した評価」を用いる以上、これらの作業は不可欠である。

(1)「目標」と資質・能力、見方・考え方

学習指導要領中、「第６章　特別活動」は、次の構成をとる。

第１　目標
第２　各活動・学校行事の目標及び内容
〔学級活動〕　１目標　２内容　３内容の取扱い
〔児童会活動〕１目標　２内容　３内容の取扱い
〔クラブ活動〕１目標　２内容
〔学校行事〕　１目標　２内容　３内容の取扱い
第３　指導計画の作成と内容の取扱い

以下、「第１　目標」を示す（文部科学省 2018a、p.183）。なお、中学校の「第１　目標」も基本的に同じで、⑶の「自己の生き方」が「人間としての生き方」と変わる程度で

ある（同、p.332）。発達段階への配慮や学習内容の深化をうかがえる。

第１　目標

集団や社会の形成者としての見方・考え方を働かせ、様々な集団活動に自主的、実践的に取り組み、互いのよさや可能性を発揮しながら集団や自己の生活上の課題を解決することを通して、次のとおり資質・能力を育成することを目指す。

⑴　多様な他者と協働する様々な集団活動の意義や活動を行う上で必要となることについて理解し、行動の仕方を身に付けるようにする。

⑵　集団や自己の生活、人間関係の課題を見いだし、解決するために話し合い、合意形成を図ったり、意思決定したりすることができるようにする。

⑶　自主的、実践的な集団活動を通して身に付けたことを生かして、集団や社会における生活及び人間関係をよりよく形成するとともに、自己の生き方についての考えを深め、自己実現を図ろうとする態度を養う。

各教科や領域と同様、特別活動にも、「見方・考え方」や「資質・能力」といった語がある。各教科等の「見方・考え方」は、「深い学びの鍵」であり、「その教科等ならではの物事を捉える視点や考え方」とされ、「各教科等を学ぶ本質的な意義の中核をなす」（文部科学省 2018b、p.4）。前述「第１　目標」によれば、特別活動の「見方・考え方」は「集団や社会の形成者として」のものであり、手段として「様々な集団活動」で「課題を解決」し、⑴から⑶の「資質・能力」の育成が目指される。⑴から⑶の「資質・能力」は、いわゆる「知識・技能」「思考力・判断力・表現力」及び「学びに向かう力、人間性等」（同、p.3）、すなわち「三つの柱」にそれぞれ対応する。「三つの柱」は、「生きる力」をより具体化し、教育課程全体を通して育成を目指す資質・能力として整理された（同）。

賛否両論あるが、「見方・考え方」や「資質・能力」といった語は、学習指導要領で各教科等の目標の書き方をそろえ、構造を明確にするため、新たに採用されたと言える。

（２）指導の重点

特別活動の中身は「各活動・学校行事」である。「各活動」とは、「学級活動」、「児童会活動」、そして「クラブ活動」を指す。ここに「学校行事」が加わる。

「各活動・学校行事」には、従来の「１　目標」「２　内容」とは別に、「３　内容の取扱い」が新設された。この「３　内容の取扱い」自体、あまり細かい記述ではないが、確認し指導に活かすべきだろう。ただし「クラブ活動」に「３　内容の取扱い」はなく、「クラブ活動」の「内容の取扱い」は、「第３　指導計画の作成と内容の取扱い」の２の⑴で示される（文部科学省 2018b、pp.114-115）。学級活動や児童会活動と同じくくりとなる。

検定教科書がなく、学級活動を除き時数も明示されない特別活動は、各教科や領域以上に、指導計画の作成が重要である。今回の改訂で、「第３　指導計画の作成と内容の取扱い」には項目の入れ替えや追加があり、「指導する」の語数も増えた（根津 2017、

p.116)。「働き方改革」の流れもあり、漫然とした前例踏襲ではなく、ゼロベースで各活動・学校行事を仕分けし、見直す作業が求められる。これもカリキュラム・マネジメントである。

2 評価の要点

ここまでの内容を受け、特別活動における学習評価の在り方や、指導要録・通知表への記載のポイントを述べる。関連して第１巻に次の必読資料がある。便宜上Ａ・Ｂを付す。

資料Ａ：『児童生徒の学習評価の在り方について（報告）』

中央教育審議会初等中等教育分科会教育課程部会、平成31（2019）年１月

資料Ｂ：『小学校、中学校、高等学校及び特別支援学校等における児童生徒の学習評価及び指導要録の改善等について（通知）』（30文科初第1845号）

文部科学省初等中等教育局長、平成31（2019）年３月

（１）特別活動における学習評価の在り方

資料Ａ中、語「特別活動」は、「（略）特別の教科である道徳、特別活動についても、それぞれの特質に応じ適切に評価する」（p.6）くらいしか見当たらない。特別活動における学習評価は、各教科と同様、基本的に次の記述（同、一部改編）に依拠することとなる。

> 学習評価は、学校における教育活動に関し、児童生徒の学習状況を評価するものである。
> 現在、各教科の評価については、学習状況を分析的に捉える「観点別学習状況の評価」と、これらを総括的に捉える「評定」の両方について、学習指導要領に定める目標に準拠した評価として実施するものとされており、観点別学習状況の評価や評定には示しきれない児童生徒一人一人のよい点や可能性、進歩の状況については、「個人内評価」として実施するものとされている。

「観点別学習状況の評価」やこれに基づく「評定」、目標に準拠した評価、「個人内評価」と並べてみると、他人と比べて順位をつける「相対評価」でないことは明白である。学習評価に関し、特別活動も、基本的には各教科と同様の対応を要すると言える。

以下、資料Ｂの見出しを示す。本文は第１巻の資料を参照されたい。

1．学習評価についての基本的な考え方
2．学習評価の主な改善点について
3．指導要録の主な改善点について
4．学習評価の円滑な実施に向けた取組について
5．学習評価の改善を受けた高等学校入学者選抜、大学入学者選抜の改善について
別紙一覧　／　参考一覧

資料Bに、小中学校の特別活動に限定した記述はない。小学校の場合、「5.」はともかく、他は必読である。「1.」の冒頭から「⑴カリキュラム・マネジメントの一環としての指導と評価」「⑵主体的・対話的で深い学びの視点からの授業改善と評価」と、今回の学習指導要領改訂の要点が、そのまま反映されている。以下、「⑴」のみ引用する。

「学習指導」と「学習評価」は学校の教育活動の根幹であり、教育課程に基づいて組織的かつ計画的に教育活動の質の向上を図る「カリキュラム・マネジメント」の中核的な役割を担っていること。

明らかに「指導と評価の一体化」を前提とし、学習指導と学習評価はカリキュラム・マネジメントの「中核的な役割を担っている」とされる。他方で、「教師の勤務負担軽減」にも数か所言及された。これに関連して、「統合型校務支援システムの整備」や、指導要録等に係る事務の電磁的処理にも触れられており、今後の導入や普及が注目される。

(2) 指導要録・通知表への記載のポイント

資料Bには〔別紙〕がある。特別活動に関連するのは、〔別紙1　小学校及び特別支援学校小学部の指導要録に記載する事項等〕と、これを受けた〔別紙4　各教科等・各学年等の評価の観点等及びその趣旨〕である。

〔別紙1〕の「〔2〕指導に関する記録」に、「5　特別活動の記録」がある。大要、観点別評価を行う、評価の観点は各学校で定める、特別活動の特質に留意する、という諸点が述べられた。評価の参考とする〔別紙4〕中、「評価の観点及びその趣旨」を次に示す。

〈小学校　特別活動の記録〉

観点	知識・技能	思考・判断・表現	主体的に学習に取り組む態度
趣旨	多様な他者と協働する様々な集団活動の意義や、活動を行う上で必要となることについて理解している。 自己の生活の充実・向上や自分らしい生き方の実現に必要となることについて理解している。 よりよい生活を築くための話合い活動の進め方、合意形成の図り方などの技能を身に付けている。	所属する様々な集団や自己の生活の充実・向上のため、問題を発見し、解決方法を話し合い、合意形成を図ったり、意思決定をしたりして実践している。	生活や社会、人間関係をよりよく構築するために、自主的に自己の役割や責任を果たし、多様な他者と協働して実践しようとしている。 主体的に人間としての生き方について考えを深め、自己実現を図ろうとしている。

本稿の前半で述べたとおり、特別活動の資質・能力に関する「三つの柱」が、ほぼそのまま評価の観点として採用されている。目標に準拠した評価そのもの、と言える。ただし、この「評価の観点及びその趣旨」をそのまま使えばよいわけでもない。先に触れた〔別紙１〕「〔２〕指導に関する記録」「５　特別活動の記録」には、評価の観点を定める際、「特別活動の特質や学校として重点化した内容を踏まえ、例えば『主体的に生活や人間関係をよりよくしようとする態度』などのように、より具体的に定めることも考えられる」とある。各学校や地域の実態に合わせ、評価の観点を工夫する余地が残されている。

特別活動の各活動・学校行事は実に幅広く多彩であり、目標の検討や実施、記録収集と整理には、相応の手間暇がかかる。資料Aや資料Bには、負担の軽減や簡素化に関する言及も散見される。今回改訂で「見方・考え方」や「資質・能力」が導入され、各教科や領域の目標の記載方式が変更された。この変更は当然、目標に準拠した評価にも直結する。結局、指導要録や通知表の記載においても「急がば回れ」で、目標の記載方式の変更から順を追って確認した方が、理解しやすいと思われる。とはいえ、その作業には時間を要する。現在、特別活動の評価における最大の資源不足は、まさにこの「時間」、換言すれば「余裕」かもしれない。

●参考文献

根津朋実「『何のための特別活動か』が問われている」水原克敏編著『「新」小学校学習指導要領改訂のポイント』日本標準、2017年、pp.114-119

文部科学省『小学校学習指導要領（平成29年告示）』東洋館出版社、2018年a

文部科学省『小学校学習指導要領（平成29年告示）解説 特別活動編』東洋館出版社、2018年b

第13章

「行動の記録」の評価

第13章 「行動の記録」の評価

太田洋子

1 通知から読み解く「行動の記録」の方向性

「行動の記録」は児童生徒の態様に応じた指導を行い、個々の持つ能力を伸ばすための評価である。

今回の改訂における「行動の記録」については、前回2010（平成22）年の通知と比較し、道徳が道徳科、別紙５が別紙４になっているという点以外に文面上の変更はない。しかし、変更点がないからそのままでいいわけではない。通知文を見ていくと、注視すべき点がいくつかある。

児童生徒の学習評価及び指導要録の改善等について（通知）
〔別紙１〕小学校及び特別支援学校小学部の指導要録に記載する事項等

> ７ 行動の記録
> 小学校及び特別支援学校（視覚障害、聴覚障害、肢体不自由又は病弱）小学部における行動の記録については、各教科、道徳科、外国語活動、総合的な学習の時間、特別活動やその他学校生活全体にわたって認められる児童の行動について、設置者は、小学校学習指導要領等の総則及び道徳科の目標や内容、内容の取扱いで重点化を図ることとしている事項等を踏まえて示している別紙４を参考にして、項目を適切に設定する。また、各学校において、自らの教育目標に沿って項目を追加できるようにする。
> 各学校における評価に当たっては、各項目の趣旨に照らして十分満足できる状況にあると判断される場合に、○印を記入する。
> 特別支援学校（知的障害）小学部における行動の記録については、小学校及び特別支援学校（視覚障害、聴覚障害、肢体不自由又は病弱）小学部における行動の記録に関する考え方を参考としながら文章で端的に記述する。
> 〈中学校においては、上記の「小学校」が中学校、「小学部」が中学部、「児童」が生徒〉

（文部科学省「小学校、中学校、高等学校及び特別支援学校等における児童生徒の学習評価及び指導要録の改善等について（通知）」2019年）

まず、通知には「設置者は、小学校学習指導要領等の総則及び道徳科の目標や内容、内容の取扱いで重点化を図ることとしている事項等を踏まえて示している別紙４を参考にして」とある。別紙４には、「基本的な習慣」「健康・体力の向上」「自主・自律」「責任感」「創意工夫」「思いやり・協力」「生命尊重・自然愛護」「勤労・奉仕」「公平・公正」「公共心・公徳心」の10項目が設定されており、この点も改訂前と変更はない。しかし、「学習指導要領」が改訂されており、その中身とのつながりから「行動の評価」の項目や評価の在り方を見直す必要がある。

次に、「総合所見」については、担任が日頃から子どもたちの頑張りを観察し、日常的な気付きを記録する等、通知表と関連付けで意識化している。しかし、「行動の記録」について、重きを置いている教師は少ないと感じる。特に、「道徳科」の評価が導入され、担任が記入するべき点は増えている。道徳の時間の子どもたちの変容を表す道徳科の評価と「行動の記録」は関連する項目が多い。このことを鑑みた上で、どのように客観的に評価を進めるかの２点について考えていきたい。

2 新学習指導要領が示す「生きる力」を見据えた「行動の記録」の考え方

総則前文には、「これからの学校には、教育の目的及び目標の達成を目指しつつ、一人一人の児童が、自分のよさや可能性を認識するとともに、あらゆる他者を価値のある存在として尊重し、多様な人々と協働しながら様々な社会的変化を乗り越え、豊かな人生を切り拓き、持続可能な社会の創り手となることができるようにすることが求められる」と記されている。

つまり、少子高齢化の急速な進行、グローバル化や人工知能（AI）の飛躍的な進化等、大きく社会が変化し予測困難なこれからの時代を生き抜く子どもたちの自尊感情を高め、互いに力を合わせて課題に立ち向かい、持続可能な社会の創造に参画しようとする態度を育てることが学校教育に課せられているのである。日々の授業や特別活動等においては、これらに関連する力の育成に意識的に取り組み、その上で「行動の記録」においても、「創意工夫」「自主・自律」「思いやり・協力」等の項目を重点的に評価することが考えられる。また、自校においてこれからの子どもたちに育てたい力を明確にした上で総合的な学習の時間や特別活動を計画し、道徳科との関連を図りながら、例えば「相互理解」「協調性」「コミュニケーション能力」等を各学校で決められる項目として追加することも考えられる。

一方、自校が地域と連携して挨拶運動等に力を入れている場合は、基本的な生活習慣から「あいさつ・礼儀」を項目として特化するといった工夫も可能である。

いずれにしても、指導要録の改訂にあわせて、研修会等において学校全体で『別紙４の５「行動の記録」⑴評価項目及びその趣旨』を熟読するとともに、自校の特色や社会ニーズに合わせた個々の児童生徒への指導の在り方や新たな項目の設定等について協議することで、教員の意識を高め、共通理解を図ることができる。

また、コミュニティ・スクールにおける学校運営協議会の熟議の議題として「行動の記録の評価」を取り上げていくことは、地域の参画意識の向上につながるとともに、新たな視点を生み出すことが期待できる。

3 「行動の記録」の評価の実際

基本的に「行動の記録」の評価は、10項目に関連する教師による児童生徒の日々の行動（各教科、道徳科、外国語活動、総合的な学習の時間、特別活動やその他学校生活全体にわたって認められる児童生徒の行動）についての観察から記入される。そのためには、日頃から自然な状態の中で子どもの行動を見ることを意識し、評価項目に沿った行動について的確に記録を残しておく必要がある。記録することにより、教師が子どもを見る力が育ち、普段気付かない新たな面を発見することも多い。しかし、担任だけの観察では、観察者の姿勢による影響を受けやすい。例として

- ・ステレオタイプエラー（先入観や固定観念を持ち、その視点から見るため、視点に合う情報は取り入れ、合わない情報は無視する傾向）
- ・ハロー（光背）効果（一部の特に良い点や悪い点に引きずられて、行動全体を評価する傾向）
- ・初頭効果（第一印象に基づき行動全体を評価する傾向）
- ・寛大化エラー（より肯定的に行動を見る傾向）
- ・厳格化エラー（より厳しく行動を見る傾向）

等が挙げられる。教師が児童生徒を観察する際には、自分自身にもこれらのバイアスがあることを意識しておく必要がある。

（1）客観性を持った評価の在り方

「行動の記録」は目標に準拠した評価であるので、現実にどのように評価するかを校内で計画的に考えておく必要がある。

例えば、中学校における「勤労・奉仕」の趣旨には、「勤労の尊さや意義を理解して望ましい職業観を持ち、進んで仕事や奉仕作業をする」と示されている。この項目を評価する場合、一つの観察場面として、地域での職場体験学習において、そこでの実習の状況を教師が評価することにあわせて、事業所からの評価を取り入れていくことも有効である。

さらに、別紙４に示された10項目について、十分満足できる状況を具体的に示すルー

ブリックの作成等の客観的評価基準を設定しておくことは重要である。教師が協力して「行動の記録」に係るルーブリックを作成する過程を経て、子どもへの見方や声のかけ方が変わるはずである。

（2）複数の教師による評価のデータベース化

バイアスを防ぐためには、担任一人の観察ではなく複数の教員からの情報を総合することも必要である。特に、教科担任制の中学校においては、担任が自分の学級の生徒の行動をすべて把握することは難しい。そこで、職員室内でのコミュニケーションを図り、子どもについての情報を密にすることは大切である。

例えば、情報を記録として残すために、シール式のラベルに、10項目に関する児童生徒の行動で気付いたことを記入し、それを個別カード等で残していく方法をとっている学校がある。また、校務のICT化が進む中、児童生徒の情報をコンピュータ上のデータベースとして蓄積している学校もある。いずれにせよ、このようなデータベースがあれば、指導要録や通知表の所見に活用することも可能になる。このようにして教師の共通理解のもと、協働で作成した「行動の記録」は次年度の担任へと確実に受け継がれていくはずである。

（3）自己評価や相互評価の活用

各学校では自校で作成した自己評価のための振り返りシートやQ-U等の市販の検査を実施している場合が多い。これらの資料を参考にして「行動の記録」の評価に活かすことも可能である。

例えば、自己評価シートを作成する場合に「行動の記録」の項目を意識し、「時間を守り規則正しい生活ができましたか」「自分で目標を設定し、最後まで粘り強く取り組みましたか」といった項目を入れておくとよい。また市販の検査の場合も、関連する項目を活用する。

一方、互いの良さに気付く「ありがとうカード」「いいね！カード」「よいとこみつけカード」といった学級での取組から、教師の気付かない児童生徒の日々の行動が見えてくることも多い。「○○さんが、パート練習の時にみんなに声をかけて励ましてくれた（中学校）」「○○ちゃんがトイレのスリッパをきちんとそろえていました（小学校）」など、子どもたちの活き活きとした活動が描かれている。このような相互評価を活用することも効果的である。

●参考文献
小島宏・岩谷俊行『新しい学習評価のポイントと実践』ぎょうせい、2010年、pp.212-220
辰野千壽・石田恒好・北尾倫彦『教育評価辞典』図書文化社、2006年、p130、pp.215-217

第14章

「総合所見」の評価

第14章 「総合所見」の評価

鋒山泰弘

1 「総合所見」の評価の役割

「総合所見」とは、観点別評価や評定だけでは伝えられない、児童生徒の成長を総合的に捉えて表現して、指導上参考となる内容を文章表記で伝えるものである。指導要録の様式では「総合所見及び指導上参考となる諸事項」という欄に、学年ごとに記入することになっている。

今回の改訂では、とりわけ教師の勤務負担の軽減の観点から、「文章で箇条書き等により端的に記述すること」が「通知」されている。具体的には小学校では以下の事項等を記述することとされている。

① 各教科や外国語活動、総合的な学習の時間の学習に関する所見

② 特別活動に関する事実及び所見

③ 行動に関する所見

④ 児童の特徴・特技、学校内外におけるボランティア活動など社会奉仕体験活動、表彰を受けた行為や活動、学力について標準化された検査の結果等指導上参考となる諸事項（「今後の学習指導等を進めていく上で必要な情報に精選して記述」とされている）

⑤ 児童の成長の状況にかかわる総合的な所見

（中学校では、上記に加えて「進路指導に関する事項」ついての記述が求められる）

また、「障害のある児童や日本語の習得に困難のある児童のうち、通級による指導を受けている児童」については、「通級による指導」の情報を端的に記入すること（「個別の指導計画」の写しを添付することで、指導要録への記入に替えることも可能であるとされている）。「通級による指導の対象になっていない児童で、教育上特別な支援を必要とする場合」については、「必要に応じ、効果があったと考えられる指導方法や配慮事項を端的に記入する」ことが求められている。

このように、「総合所見」では、児童生徒の学習改善と教師の指導改善につながる上で

最も重要な情報を精選し、端的に書くことが求められている。

2 「総合所見」と「指導方法や配慮事項」

「総合所見」は、児童生徒の成長の事実の網羅的・羅列的な記述にならないこと、その子の成長の状況を「総合的に」捉えて「指導上参考」となる情報を精選して伝えるものであることが課題となる。

例えば、現在「主体的・対話的で深い学び」を実現するために、教科学習で「グループでの話し合い」の学習が位置付けられている。これに関して、「総合所見」で、積極的に話をした子どもには、「グループでの話し合いでは、進んで話すことができました」等の記述や、逆に「進んで話すことができずに、黙って下を向いていることが多かった」子どもに関しては、「グループでの話し合いに進んで参加することが課題です」等の記述をすることでよいのであろうか。今回の指導要録では、このような記述についてどんなことが課題となるのだろうか。

特別支援教育の視点からの「教育相談」のある事例[1]で、グループでの話し合いに進んで参加することができない子どもから、「グループ内では、いろいろな意見が飛び交い、誰が誰と何を話しているのかわからず、混乱することが多い」「カラオケボックスで話しているみたい」という語りが聞き取られている。その子たちは、グループ学習で「会話の相手と内容が目まぐるしく変わる環境に置かれ、努力しても混戦する情報を素早く処理しきれないことから、心身にストレスを蓄積させていきます」と分析されている。

このような「教育相談」での情報が、通常学級の担任と共有され、担任はグループによる学習の新しい話し合いのルールづくりに取り組む。「担任が子ども役になって、複数の子たちと学習場面における会話の混戦状態を再現してみる」という「演示」（言語と視覚によって事実を再現する学習指導の方法）が行われ、その「演示」に基づいて、「気になる子とほかの子」という枠を超え、学級の子どもたちから、「会話の交通整理をしよう」「ゆっくり話し、じっくり聞こう」「みんな、短くても構わないので意見を言う場面をつくろう」などのアイデアが出される。このような話し合いのルールづくりを学級全体で行った結果、「気になる子が、ほかの子の意見を聞く姿を見せたり、少しずつ自身の意見を発表したりする光景もみられる」ようになったという。

以上の事例の学習の指導の成果をもとに「総合所見」を書くとしたら、何をどこまで書けばよいのだろうか。グループ学習で消極的に見えた「気になる子」の変化を、「最初はグループ学習では黙って下を向いていることが多かったが、最近では、ほかの子の意見を聞くようになり、少しずつ自分自身の意見を言えるようになりました」と書くだけでは不十分であろう。なぜなら、子どもの成長・変化を書くだけでは、「指導要録」の機能である「教師の指導改善」につながらないからである。例えば、このケースでは、前の学年で「少しずつ自分自身の意見を言えるようになってきている」子どもが、もし次の学年の新しい学級で、「グループ学習の話し合いでお互いに聴き合い、意見を交通整理する」という意識がない子どものグループに入った場合には、「黙って下を向いている子」に戻るかもしれない。このようなことにならないためには、例えば「グループ学習での会話に困難を感じていたので、話し合いの演示を教師も参加して行い、ほかの子どもと意見交換をしてルールを決める指導をしたことによって、少しずつ自分自身の意見を言えるようになってきている」等と、どのような指導をした結果として、その子の成長が見られたのかが情報として伝わる必要がある。

今回の指導要録改訂では、教師の負担を減らすために「文章で箇条書き等により端的に記述すること」とされ、学習指導過程を長文で詳しく書くことは避けることが強調されているが、「通級による指導の対象となっていない児童で、教育上特別な支援を必要とする場合については、必要に応じ、効果があったと考えられる指導方法や配慮事項を端的に記入する」と「通知」されている。「教育上特別な支援を必要とする場合」を狭く考えず、教師の過重負担にならない形で、「必要に応じ、効果があったと考えられる指導方法や配慮事項」を「総合所見」に記入し、活用することが大切である。

3 「総合所見」と「長期的ルーブリック」を結び付ける

「総合所見」の内容は、児童生徒の成長の状況が総合的に捉えられていること、次の学年へと指導課題が引き継がれ、適切な指導によって学習の改善が行われるものとして活用されることが求められている。そのためには、教育目標に照らして、児童生徒の学習の到達状況を「総合的に」「長期的に」捉えることのできる内容が求められる。その際、「長期的ルーブリック」の作成と活用が鍵となる。

「長期的ルーブリック」とは、単元や学年を超えて長期にわたる成長を描き出すために作られた評価規準である。例えば、ある公立中高一貫校で作成された英作文の「長期的ルーブリック」は次のようなものである[2]（1から順番にレベルが上がっている。6まで作成されているが、ここでは4までを紹介する)。「1．アルファベットで自分の名前が書ける。練習した短文が書ける。」「2．文法的な間違いを含みつつも、簡単な日記などの短文を書くことができる。既習の語を使って短文を書くことができる。」「3．学習したテーマ及び自分の興味のあることについて簡単な感想や意見を書くことができる。」「４．興味のある幅広い分野に関して、理由や説明文などを加えて、意見や感想を書くことができる。後置修飾句・節を使って表現することができる。」

このような英作文の「長期的ルーブリック」では、詳しい英文法事項までは書かれていないが、生徒が「総合的にみて」どの程度の英作文ができるレベルに達しているのか、学年を超えて教師間で共通認識することを可能にしている。そのことによって教員集団は生徒の学力の到達状態を目標に準拠して個人内評価し、その子にあった指導課題を構想するのに役立てることができる。「総合所見」において、このような「長期的ルーブリック」に相当するような内容が書かれてあること、あるいは、各教科等で「長期的ルーブリック」が作成され、「総合所見」の記述にそれを活用することが求められる。

「学びに向かう力、人間性等」の評価と「総合所見」

「『学びに向かう力、人間性等』のうち『感性や思いやり』など児童生徒一人一人のよい点や可能性、進歩の状況などを積極的に評価し児童生徒に伝えることが重要である」と「通知」には書かれてあるが、その方法として「総合所見」を活用するとは書かれておらず、「日々の教育活動等の中で児童生徒に伝えることが重要である」とされている。しかし、「総合所見」が児童生徒の「成長の状況を総合的に捉えること」を役割とするならば、児童生徒の学習の成果としての価値観に関わる内容を、今後の学習指導等を進めていくために必要な情報として「総合所見」に書くことは必要であろう。

児童生徒の「人間性等」の評価は、その子の人格を「決めつける」ことにもつながるので、慎重を期すことが求められるが、１年間の学習を通して、その子の「価値へのめざめ」として最も重視したい内容で、次の学年での学習でも大切に指導してほしいことは何かを「総合所見」で伝えることの意義は大きい。例えば、次のような点に関して具体的なことを端的に記述しておくことが考えられる。

・その子が、授業で学習した内容の、どのような点に興味を持って、さらにどのようなことを知りたいと思って、どのようなテーマの本を図書館で借りて熱心に読んでいたのか。

・その子が、最も心を動かされ、興味を持って意欲的に取り組んだテーマや活動は何か。次の学年でその子の問題意識や活動がどのように発展していくことを期待しているか。

・その子が、１年間の学習で「自分の価値観（何を大切にするか）が変化した」と自己評価している内容は何か。それはどのような学習内容に基づいているか。

総合所見での「学びに向かう力、人間性等」の評価に関わる記述内容で、発達障害等に起因する学習態勢や対人関係形成において困難のある児童生徒に関しては、慎重な配慮が必要である。例えば「相手の気持ちを想像することが苦手で字義通りの解釈をしてしまう」「暗黙のルールや一般的な常識が理解できないことがある」等、その児童生徒がみせる困難が、どのような認知的特性によるものなのかについて言及した記述が必要である。そして、そのような認知的特性による困難に対して、有効だった具体的な指導や配慮も合わせて伝えることが求められる。例えば、対人的関わりについてのスキルを教える際に、具体的なルールの必要性や行動の見通しを、どのように丁寧に説明したことが有効だったか、「自分の立場以外の視点で考えたり他者の感情を理解したりする」ために、有効だった教材や学習活動はどのようなものだったか等についての記述が「総合所見」にあれば、今後の指導に役立つものとなる。

●注

1　飯田茂「気になる子とほかの子たち、個々の気持ちに応じた配慮とは」『月刊生徒指導』2019年６月号、pp.24-27で紹介されている事例。

2　西岡加名恵他＋園部高等学校・附属中学校編著『パフォーマンス評価で生徒の「資質・能力」を育てる』学事出版、2017年での英語科の取組による。

第 15 章

通知表の改善

第15章 通知表の改善

山 根 俊 喜

1 指導要録改訂と通知表

通知表は、学校と家庭が協力して子どもの教育に当たることを目的として発行される、子どもの学校における学習と生活の様子やその成果の総合的記録を主要な内容とした、学校ー家庭往復連絡文書である。法定表簿（公簿）である指導要録と異なり、学校が「自主的に」発行している文書であり、法規定上、歴史的にも、そして現在も発行の義務はない。しかし、学校と家庭の協力を目的として明治期の半ば頃から普及し始め、その後慣行化して現在に至っている。通知表の様式や内容、発行の時期や回数、そして発行するか否かを含め、通知表に関わる事項は全く学校の自由裁量に任されている。

とはいえ、発行が当然視されるほど慣行化していること、教育評価に関わる帳票であることから、学校の教育評価を考えるとき、通知表の位置付けや、指導要録と通知表の関係をどう捉えるかは一つの大きな課題となってくる。こうして、「児童生徒の学習評価の在り方について（報告）」（中央教育審議会初等中等教育分科会教育課程部会、平成31年１月21日）（以下、〈報告〉）や「小学校、中学校、高等学校及び特別支援学校等における児童生徒の学習評価及び指導要録の改善等について」（30文科初発第1845号、平成31年３月29日）（以下、〈通知〉）においても、通知表への言及がなされることになっている。

新学習指導要領実施に連動した指導要録の改訂に伴って、今後多くの学校で通知表の改訂が行われると思われる。以下、通知表改訂の基本的視点ついて考えてみたい。

2 通知表を通じた評価方針の共有

前回の「児童生徒の学習評価の在り方について（報告）」（平成22年３月24日）が指摘し

たように、通知表は、学校や教師が「児童生徒や保護者との間で必要な情報の共有を進め、教育の効果の増進を図るため」の一手段であり、「学校から保護者に児童生徒の学習状況を伝えるとともに、今後の指導方針を共有する上で重要な役割を果たしている」。今回の〈報告〉では明示されていないが、こうした通知表の意義は現在も変わっていない。

また、評価に関わって、前回の報告で、保護者や児童生徒に対し「評価規準など評価に関する仕組みについて事前に説明したり、評価結果の説明を充実したりするなどして、評価に関する情報をより積極的に提供」することが重要であるとしていた。今回の〈報告〉では、調査結果によれば「必ずしも教師が充分に児童生徒に伝えていない場合がある」として、児童生徒との学習計画や評価方針の共有の工夫を求め、保護者に関しては、「通知表や面談などの機会を通して、保護者との間でも評価に関する情報共有を充実させることが重要」と指摘している。

学校の教育目標や評価の方針に関わる保護者への説明は、通知表やその見方の説明という回路が重要な役割を果たす。通知表改訂を、学校の教育目標と評価の方針を見直し、保護者・児童生徒と情報共有を図るよい機会として捉えて、作業を進める必要があるだろう。

なお、〈通知〉では「学習評価の妥当性や信頼性が高められるよう、学校全体としての組織的かつ計画的な取組を行うことが重要」として「評価規準や評価方法を事前に教師同士で検討し明確化すること」等を求めているが、通知表の改訂作業を、こうした評価規準・方法を学校全体として検討する取組として位置付けることも重要である。

3　通知表による指導要録の代替

今回の〈通知〉では、教師の勤務負担軽減という文脈で、①統合型校務支援システムの整備による指導要録と通知表データの連動の推進、②指導要録と通知表の様式の共通化が可能であることが示されている。②に関しては、「通知表の記載事項が、当該学校の設置者が様式を定める指導要録の『指導に関する記録』に記載する事項を全て満たす場合には、設置者の判断により、指導要録の様式を通知表の様式と共通のものとすること」が可能であるとし、具体的「工夫」として「通知表に、学期ごとの学習評価の結果の記録に加え、年度末の評価結果を追記する」「通知表の文章記述の評価について、指導要録と同様に、学期ごとにではなく年間を通じた学習状況をまとめて記載する」「指導要録の『指導に関する記録』の様式を、通知表と同様に学年ごとに記録する様式とする」といったことを挙げている。

通知文の限りでは、要するに、通知表と指導要録は通常Ａ図のような関係になっているが、Ｂ図のような関係になった場合、学校設置者が認めれば、通知表の様式を指導要録の様式として認めてよい、ということである。現行でも、指導要録の様式に準拠したモデル通知表を使用している学校は多い。このような場合は、いわゆる二重帳簿が解消でき、勤務負担軽減につながる可能性がある。

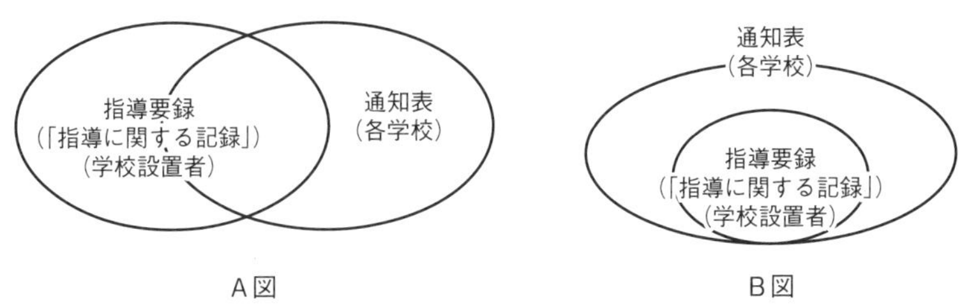

とはいえ、〈通知〉でも「様式を共通のものとする際には、指導要録と通知表のそれぞれの役割を踏まえることも重要」と言われているように、指導要録と当該学校での通知表の役割や機能を踏まえた上での措置でなければならない。

4　通知表の意義と役割

では、指導要録と異なる通知表の意義と役割とは何であろう。指導要録は公簿として指導機能の外に対外証明機能（具体的には調査書の原簿など）を担わされており、このため、その様式に簡潔性や統一性が求められてきた。これに対し、通知表は指導機能を中心に、学校の教育方針や特色、あるいは保護者、子どものニーズに応じて創意工夫をこらし、学校独自のものを作成することができる。このため、歴史的にも、そして現在も学校の自主性のもとで多くの個性的な通知表が作成・発行されてきている。さらに、通知表改革を通じて、学校の評価の在り方の改革が促進されてきた事実もある。

また、指導要録が、基本的に専門性を持った教師間、学校間で情報をやりとりする文書であるのに対し、通知表は学校、教師と専門性を持たない保護者、子どもとの間で情報をやりとりする文書であり、保護者や子どもが理解できるような様式や評価方法が望まれる。

公定の教育評価観を示す指導要録に通知表が影響を受けるのは当然ではあり、また勤務負担軽減といった視点も重要ではある。しかし、学校を基礎としたカリキュラムの開発とそのマネジメントが強調される現在、上述の点を踏まえると、単純に指導要録に準拠した通知表を作成する必要はない。学校の創意を生かした通知表の作成・発行が望まれる。

通知表の改善の視点

(1) 基本的視点

通知表を見直す際には、家庭と学校が協力するための一手段であるという学校経営的視点と、子どもの学習評価に関わるという教育評価的視点からの検討が必要である。

学校経営的視点から言えば、他の学校－家庭を結ぶ通信・連絡手段（例えば、学級通信、学校通信、教科通信、連絡帳など）、学習記録や学習成果物（試験結果や学習ポートフォリオなどを含む）、家庭訪問や個人懇談会などの協力手段の中での位置付けを明確にして、通知表の様式、発行時期、発行の形態などを検討する必要がある。その際、忘れられてはならない点は、通知表は学校から家庭への一方的通知文書ではないこと、また、保護者へのアカウンタビリティを果たす一手段という側面を持ちつつ、本質的には学校と家庭が協力するための文書だという点である。この意味で、通知表の見方などをわかりやすく説明することは当然として、通知表そのものの改善に保護者の意見（保護者の通知表「評価」）を反映するといった視点も重要である。

教育評価的視点から言えば、通知表は、一定期間に何をどこまで教え学び得たのか、課題は何かを示そうとしている。そのことによって、①子どもに対して、これまでの学習の成果と今後の学習の課題を明らかにして自己評価を促す、②保護者に、子どもの学習を励まし支援するための資料を提供する、③教師自身に対しては、一定期間の教育を総括的評価することで、個々の子どもの指導課題を明らかにし、同時に授業とカリキュラムの改善の資料を提供するという機能を果たしている。

こうした機能を十全に果たせるような様式や評価方法を持った通知表とするには、どのような課題があるかといった検討が望まれる。

(2) 具体的には

以上で触れた点も含めて、以下のようなことに留意することが大切だろう。

①体裁や発行時期については全く自由である。歴史的には、学期ごと以外に、週ごと、月ごとに発行されるものや、長期にわたる変容を捉えるために在学期間使用の手帳式のものなどがあった。学期ごとのスポット的評価を知らせるだけでなく、他の関係資料と共に綴じてポートフォリオとし、学習過程を振り返りメタ認知を促すなどの工夫も考えられる。「資質・能力」の発達を評価するには、通知表においても長期にわたるその変容を捉えて表現する工夫が求められる。

②指導要録の各教科の観点別評価欄では、学習内容が捨象されている。通知表では、評価規準づくりで明確にした到達目標をもとに、「何を」（学習内容）「どこまで」（観点＝能力）達成できたのかを明示すると、学習成果と課題が具体的に明らかになり、保護者・子どもにも「わかりやすい」通知表になるだろう。

③〈報告〉では、指導要録の総合所見欄などの文章記述を簡略化する代わりに、通知表や面談等でその内容を保護者と共有することを求めている。ほとんどの通知表にある総合所見欄ないし通信欄を活用して、子どもの具体的姿を知らせるとともに、保護者の意見や要望、子どもの自己評価などを書き込めるような通知表、そして、面談など他の機会と合わせて、子どもと保護者とフォーラムの形成の一助となるような通知表が望まれる。

執筆者一覧

●シリーズ編集代表

田中耕治（佛教大学教授／京都大学名誉教授）

●執筆者

鈴木秀幸（一般社団法人教育評価総合研究所代表理事）……第1章
阿部　昇（秋田大学大学院教育学研究科特別教授）……第2章
樋口太郎（大阪経済大学准教授）……第3章
山本はるか（大阪成蹊大学講師）……第4章
河﨑美保（静岡大学大学院教育学研究科准教授）……第5章
神原一之（武庫川女子大学教授）……第6章
川地亜弥子（神戸大学大学院人間発達環境学研究科准教授）……第7章
樺山敏郎（大妻女子大学准教授）……第8章［小］国語
北　俊夫（一般財団法人総合初等教育研究所参与）……第8章［小］社会
礒部年晃（福岡県筑紫野市教育委員会主任指導主事）……第8章［小］算数
川上真哉（東京大学大学院教育学研究科特任研究員）……第8章［小］理科
朝倉　淳（安田女子大学教授）……第8章［小］生活
宮下俊也（奈良教育大学理事・副学長）……第8章［小中］音楽
阿部宏行（北海道教育大学岩見沢校教授）……第8章［小］図画工作
岡　陽子（佐賀大学大学院学校教育学研究科教授）……第8章［小中］家庭
岡出美則（日本体育大学教授）……第8章［小］体育
菅　正隆（大阪樟蔭女子大学教授）……第8章［小中］外国語
冨山哲也（十文字学園女子大学教授）……第8章［中］国語
工藤文三（浦和大学客員教授／国立教育政策研究所名誉所員）……第8章［中］社会
永田潤一郎（文教大学教授）……第8章［中］数学
小林辰至（上越教育大学名誉教授）……第8章［中］理科
福本謹一（兵庫教育大学名誉教授）……第8章［中］美術
今関豊一（日本体育大学教授）……第8章［中］保健体育
古川　稔（福岡教育大学特命教授）……第8章［中］技術
荒木寿友（立命館大学大学院教職研究科教授）……第9章
赤沢真世（大阪成蹊大学准教授）……第10章
田村　学（國學院大學教授）……第11章
根津朋実（筑波大学教授）……第12章
太田洋子（兵庫県伊丹市立総合教育センター所長）……第13章
鋒山泰弘（追手門学院大学教授）……第14章
山根俊喜（鳥取大学教授）……第15章

（職名は執筆時現在）

●シリーズ編集代表

田中耕治（たなか・こうじ）
1980年京都大学大学院教育学研究科博士後期課程満期退学。大阪経済大学講師、助教授、兵庫教育大学助教授を経て京都大学大学院教授、2017年より佛教大学教授。専門は教育方法学、教育評価論。編著書に『教育評価』（岩波書店）、『教育評価の未来を拓く』『よくわかる教育評価』『戦後日本教育方法論史（上下巻）』（ミネルヴァ書房）など多数。

2019年改訂指導要録対応
シリーズ 学びを変える新しい学習評価
理論・実践編２ 各教科等の学びと新しい学習評価

令和２年１月１日　第１刷発行
令和３年３月20日　第６刷発行

編集代表　田中耕治
発　　行　株式会社ぎょうせい
〒136-8575　東京都江東区新木場1-18-11
URL：https://gyosei.jp

フリーコール　0120-953-431
ぎょうせい　お問い合わせ　検索　https://gyosei.jp/inquiry/

〈検印省略〉
印刷　ぎょうせいデジタル株式会社
乱丁・落丁本はお取り替えいたします。

ISBN978-4-324-10728-7（3100544-01-002）〔略号：学習評価2019（理論2）〕